教师公文包
教师必备知识丛书

心理咨询百问

由颖 编

航空工业出版社
北京

内 容 提 要

本书以心理教育为基础，帮助老师及学生完善心里素质，由于儿童正处于语言和自主行为能力的发展期，加上学习紧张，很多孩子或多或少都感觉到压力，教师在传授孩子知识文化的同时，也不能忽视孩子的心理教育，该书收集并阐述了，儿童心理特征和心理健康的意义、给小朋友的建议、小学老师教育心理案例分析、家庭教育心理案例分析、铃子心理质询手记等，既关注孩子心理健康的同时又有助于教师丰富自身的知识文化和实施素质教育的好帮手。

本书针对中小学教师读者为主，对中小学教师提升自身素质和专业技能有所帮助。本书可作为教师培训教材也适合图书馆收藏。

图书在版编目（CIP）数据

心理咨询百问 / 由颖编. -- 北京：航空工业出版社, 2019.1（2022.3 重印）

ISBN 978-7-5165-1628-7

Ⅰ. ①心… Ⅱ. ①由… Ⅲ. ①心理健康－健康教育－中小学－教学参考资料 Ⅳ. ①G444

中国版本图书馆CIP数据核字(2018)第144199号

心理咨询百问

Xinli Zixun Baiwen

航空工业出版社出版发行

（北京市朝阳区京顺路5号曙光大厦C座四层　100028）

发行部电话：010-85672663　010-85672683

永清县晔盛亚胶印有限公司印刷　　全国各地新华书店经营

2019年1月第1版　　2022年3月第2次印刷

开本：710×1000　1/16　　印张：12.5　　字数：190千字

印数：5001—11000　　定价：37.50元

目　录

儿童心理特征和心理健康的意义

给小朋友的建议

小学老师教育心理案例分析

家庭教育心理案例分析

铃子心理咨询手记

儿童常见心理障碍病案分析

儿童心理特征和心理健康的意义

儿童主要心理特征

儿童心理是以遗传素质为物质前提、大脑的发育为生理基础，在一定的教育与环境影响下，通过一定的实践活动而形成和发展起来的，是人一生中心理发展较迅速关键的一个时期。其主要特点可概括如下：

一、智力的发展

智力包括观察力、注意力、记忆力、思维力和想象力。儿童由于大脑发育不能完善成熟，活动范围不断扩大，活动内容不断丰富，言语的发展，其智力便得到了迅速发展。

1. **感、知觉特点**。儿童的各种感觉能力在不断提高，感受性在不断发展，5 ~ 7 岁儿童能将光谱中的全部颜色与它的名称巩固地联系起来；婴儿时期，儿童有了空间知觉和时间知觉的萌芽，到学龄初期，儿童知觉的目的性、有意性、持续性得到了较好的发展，但分析与综合统一的水平仍很低；从 5 岁以后，儿童能有目的、有针对性地去观察，可以按成人的要求，按照预定的任务，有意识地进行感知和观察活动。

2. **注意的特点**。无意注意在学期已得到高度发展，在整个儿童期内，仍以无意注意占优势，有意注意正开始发展，而且注意带有情绪色彩，易受新异刺激影响，被外部明显物征所吸引。注意的各种品质在不断改善，小学儿童平均能看到的客体为 2 ~ 3 个，而成人能看到 4 ~ 6 个；7 ~ 10 岁儿童可连续集中注意 20 分钟，10 ~ 12 岁儿童约 25 分钟，12 岁以上约 30 分钟。

3. **记忆**。整个儿童期，无意识记、机械识记、具体形象识记仍起着重要的作用，而有意识记、理解识记、抽象逻辑识记正迅速发展。从 7 岁到 11 岁这一期间记忆能力开始显著增长。

4. **思维**。儿童期儿童的思维发展经历了直觉行动思维。具体形象思维、抽象逻辑思维 3 个从低级到高级的发展阶段。学龄初期，儿童处于一个从具体形象思维为主要形式到以抽象逻辑思维为主要形式的过渡阶段，而且这种抽象，逻辑思维在很大程度上仍具有很大的感性经验的成份，形象理解能力强于抽象理解能力。7～8 岁已能默默思考问题，9 岁以后，开始掌握一些抽象概念及历史时代概念，12 岁时已基本具有命题演绎推理思维的特点。

5. **想象**。随着儿童思维的发展，想象也在不断发展。婴儿期是儿童想象产生的萌芽期；学前期儿童以无意想象、再造想象为主，而且经常将想象与现实相混淆，特别是学前早期；进入学龄初期后，儿童想象有意性、创造性、现实性在日益发展，幻想也从远离现实的幻想逐步向现实主义的幻想逐步向现实主义的幻想发展，常可从小学生作文、日常谈话中反映出来。

二、情感意志的发展

婴儿期和学前初期儿童的情感主要是受生理需要的支配，情绪情感极不稳定，3 岁时已具备了人类的一切基本情感，有了明显的喜、怒、哀、乐。5 岁时儿童的情绪明显分化，可明显地表现出羞耻、忧虑、嫉妒、羡慕、失望、嫌恶、希望等情绪表现，同时出现了社会性情感，如道德感、美感、理智感等。学龄初期儿童的情感内容更丰富和富有社会性，情感更深刻、复杂，特别是第三个学年以后，情绪变得复杂，腼腆减少，抑制能力增强。总的说来，儿童期的情感是很不稳定的，控制能力也还是不强的。

两三岁的儿童已出现了意志的最初表现，可为了较近的目的而有意抑制或延缓自己的行为，如为了吃到苹果可以短时间地坐好等待老师分配等。整个学前期，儿童的各种意志品质如自觉性、坚持性、自制力都有了一些初步的表现，但水平还很差。虽然能按成人的要求去完成某项任务，但缺乏克服困难的能力和抗干扰能力，遇到困难或其他刺激便中止了正在进行的活动，他们的坚持性和自制力明显地受儿童对活动目的的理解和活动内容的兴趣所影响。儿童进入小学中高年级后，意志品质有了明显地发展，开始自觉地、独立地给自己提出行动的动机和目的。其行动的动机和目的虽比较具体，但克服困难完成任务的能力在逐步提高。

三、自我意识的发展

自我意识是意识的一个方面、一种形式，是人自己认识自己，认识自己与周围环境的关系。儿童在一岁末便有了自我意识的萌芽，即把自己和自身以外的客体区分开来，使自己成为活动的主体。3 岁左右，随着活动范围的扩大，活动能力的增强，知识的增多，言语的发展，儿童的自我意识有了明显的发展，开始由把名字理解为自己的信号发展到掌握人称代词“我”，其独立性也开始大大的增长，常常说“我自己来”，进行一些自行其事的活动，并表现出不听话，拒绝成人的帮助和干预，甚至执拗。心理学上称为第一反抗期。这种反抗是要求扩大活动领域来增强自主活动能力的表现，是有积极意义的，成人应注意引导和培养；5 ~6 岁时，儿童自我评价能力有了较大的提高，其评价不再完全是成人评价的翻版，而是对成人的评价持有批判的态度；6 岁儿童可以说出一些较抽象的品质，进行一些内心品质的评价；进入小学后，儿童的评价能力有了进一步发展，二年级以上的儿童不但能指出自己的优点，还能指出自己的缺点，并力图改正这些缺点。在整个儿童期，儿童的评价能力都不是很高的，特别是自我评价的能力，一般都落后于评价别人的能力。往往是评价别人时讲得头头是道，比较清楚，而自我评价时则较模糊。因此，成人对儿童评价时，一定要慎重，过高或过低都是对儿童有害的。

综上所述，儿童心理发展有以下几个规律：

1. 儿童心理发展是一个连续不断的过程，虽根据心理年龄特点划分了各个阶段，但相邻阶段衔接较紧，前一阶段是后一阶段发展的条件，而后一阶段又是前一阶段的延伸。

2. 儿童心理发展有一定的顺序，个性心理特征总是由低级向高级水平发展的。

3. 儿童心理发展中存在显著的个体差异，同一年龄阶段，不同的个体间存在差别，同一个体在不同的阶段其心理发展水平也有差异。

开展小学儿童心理健康的意义

随着人们对心理健康的认识和重视，心理健康已成为许多国家尤其是发达国家学校中一项重要的教育内容，许多学校设立了心理卫生中心或辅导中心，配备了专职或兼职的心理学工作者，专门从事心理辅导或心理咨询工作，帮助学生解决心理和行为上的困扰问题，并设计各种教案，采用各种形式，对学生进行心理健康教育。心理健康教育对促进学生的健康成长乃至社会的文明与进步，正在发挥越来越大的作用。

一、心理健康教育的概念

心理健康教育广义地说，就是通过开展维护和增进人的心理健康的教育活动，帮助和鼓励人们树立增进心理健康的愿望，知道如何达到这样的目的，从而采取有益于健康的行为，并学会在必要时如何寻求适当的帮助，以达到保护和增进心理健康的目的 。

作为学校中的心理健康教育，则是指教育者遵循一定的心理健康要求，通过对所有学生的心理卫生知识和技能的教育，培养学生良好的心理理品质与健全的个性，增强其面对未来可能受到心理冲击的适应力，促进其心理健康发展的过程。详言之，就是认知、情绪、意志、个性、人际关系等各心理内容教育的有机结合。它是以开发学生身心潜能，完善和提高新一代合格公民应具有的心理素质为目的的教育。

心理健康教育和心理卫生都是旨在维护和增进人们心理健康的实践活动。但心理健康教育更着重心理卫生的积极意义方面，即更关注如何塑健全人格，提高社会适应力，充分发挥人的潜能和创造性，提高人的心理健康水平。也就是说，它是以防为主，虽然也不排斥对存在心理问题的人进行必要的辅导和帮助，但这不是其主要的活动内容。

学校心理健康教育的要求主要有：

1. 树立学生心理健康意识，增强其维护心理健康的自觉性。通过心理健康教育，首先使受教育者强烈地意识到现代人的健康不仅是躯体无病，体格健壮，更应有良好的心理素质，较强的社会适应能力，从而使他们对维护和增进心理健康的意义有足够的认识，对心理健康采取积极态度和有益行为。

2. 增加学生心理卫生知识，提高他们自我心理保健的能力。维护心理健康，最根本的方法是发挥主体作用，提高自身保健能力。教育者要重视有关心理卫生知识的教育，并使学生掌握应付挫折和自我心理调节的能力和技巧，懂得怎样才能有效地达到心理健康的目的。

3. 养成学生心理卫生习惯，形成其良好的心理品质。心理健康教育的目的和归宿，就是通过各种积极的教育手段的途径，最终形成学生良好的心理品质和健康行为。为此，心理健康教育应着力于发展学生的健康人格，引导学生主动、自觉地矫正和改善不良的品质和行为，逐步养成良好的心理卫生习惯。

4. 创建有利于学生心理健康发展的良好环境。教育工作者要积极主动地把心理卫生的原理、要求引入教育过程及各种校内外的活动中，创建有利于学生心理健康发展的良好环境，并利用多种途径加强与家长和社区的联系与合作，动员家长和社会各界共同作好学生的心理保健工作。

心理健康教育是一项非常艰巨、复杂的实践活动。在人的社会生活环境中，影响心理健康的因素很多，又因心理的内在性，其健康与不健康的表现不那么容易判断，心理健康的维护、预防和治疗工作都有一些特殊的困难。心理健康也不能像知识教育那样，单纯通过教师的传授就能奏效，需要渗透到学生的各个空间，通过多种方式进行。

心理素质的内在性，还决定了心理健康教育过程中必须充分重视学生的主体地位，发挥自身的调节作用。学生是心理素质的负荷者，是自身发展变化的内因。教育工作者如不能激发起学生的内部因素，使之产生一种主动性和积极性，使教育过程成为学生主体性的自觉展开过程，心理健康教育则难以收到实效。

二、开展心理健康教育的意义

心理健康教育的重点人群是儿童和青少年，而儿童和青少年期主要是在学校中度过的，因此在学样中开展学生心理健康教育尤为重要，它对于培养全面发展的合格人才，改善教育质量以及提高国民素质等方面都有重大的理论及现实意义。特别在强调素质教育的今天，心理健康教育在学校全面发展教育中就更占有特别重要的地位。

1. 心理健康教育是整个素质教育的心理基础

心理健康教育不仅对于促进学生的心理健康，形成学生的良好心理素质有着直接的作用，而且是整个素质教育的心理基础。心理健康教育之所以成为整个素质教育的基础是由心理在人的整个素质结构中所具有的作用和价值决定的。人的心理作为人的整个精神活动的基础，对人的影响是极其广泛而深刻的，它以广泛的内容，深刻地影响和制约着学生各方面素质的发展，渗透到人的一切活动中，人的言行实际上就是其心理活动的不同程度的外在化表现。从心理学的角度讲，人的其他一切素质其本身实际上就隶属于人的个性心理范畴，所形成素质结构的各部分也都必须借助认识过程，受其他心理活动所制约才能形成和发展。下面就社会主义教育所应形成的素质结构的主要成分——德、智、体的教育，看看心理健康教育在其中的重要作用：

德育的任务就是指通过思想品德教育，使学生思想品德的发展达到一定的基本要求或规格，逐步形成共产主义的道德品质。而人的道德品质则在社会生活过程中形成的，并在一定的心理发展水平上出现的。当一个人出现了本人的观点、态度、个人有要求、评价，换言之，出现了内心环境、内心对自己的要求、内心的监督和制裁，这时人就能依据他所掌握的道德准则和信念来活动，并保持相对的稳定性和独立性，这就是每个人都具有的道德品质。任何品质的构成都依赖于个性倾向性，道德品质也不例外。人生观和世界观是个性倾向中的最高境界，对人的道德理想和道德修养以及一切品质起着总的指导作用。一个人要树立崇高的道德理想，形成良好的道德品质，首先就要树立科学的世界观，正确解决人生观问题。性格、气质、能力等个性心理特点对品德的形成也起着一定的作用。其中性格与品德既有区别又有联系，某些性格既是人表现在对现实的稳定态度和与之相适应的行为方式上的心理特征，同时也包含着一个人有关的道德和伦理倾向，两者有相互重叠的部分；气质作为影响心理活动和行为的动力特征，虽不能决定一个人道德品质的好坏，但在品德教育过程中，若能采用恰当的教育措施，利用其积极的一方，也能对品德的形成起促进作用；人的能力发展水平则在一定程度上影响着道德判断能力的发展水平。至于心理结构中的认知、情感、意志等成分都对品德的形成发展有重要影响。许多品德不良学生，就是因为认识上的扭曲，缺少正确的导向能力；或意志薄弱，不能抗拒外界的诱惑，不能依据社会公认的行为准则对自己的需要作出适当的调节，而导致了品德上的问题，并且他们都具有较多的情绪上的障碍。不少研究也证明，有心理健康问题的学生，一般也都有程度不同的思想品德问题。总之，心理因素作为内在条件是品德形成的内因，教育作为外部影响是品德形成的外在条件，外因通过内因才能起作用。不了解这一点就永远也不会搞清楚，在同一教育环境中为什么有的人品德高尚，有的人品德则不良。当然，另一方面，某一道德品质一旦形成，它又将影响人的个性发展和整个心理面貌。思想道德问题同心理问题是相互联系、相互影响的。

智育的第一个任务是授予学生系统的科学知识。学生学习知识的过程既与人的认识过程有关，也与人的意向过程有关。正常的认识活动是一个人从事学习活动所必须的基本心理条件。首先正常的智力是进行有效学习的前提。如前所述，心理健康的学生虽然智力发展水平不尽相同，但都能把自己的智慧和能力有效地运用到学习上。学生又总是在一定的情绪和情感状态下接受学习任务，从事学习活动的。情感和情绪是一种内在的动机力量，直接影响着学习。心理健康的学生能经常保持积极的心境，有从事学习活动的兴趣，推动学生积极自觉地去完成各项学习任务。意志对学习的影响更是显而易见的，心理健康的学生一般有较明确的学习目的，能自觉地从事学习活动，并能根据学习活动的要求自觉地调节和控制自己的行为，运用切实有效的方法解决学习中所遇到的问题，在学习遇到挫折或失败时能采取合理的反应手段。俗话说“勤能补拙”“笨鸟先飞早入林”，就充分说明了性格对学习的重要影响。总之，学生掌握知识的过程，要求学生的各种心理活动都处于积极的状态，只有其心理活动保持在最佳状态，才能产生最好的学习效果。由此也说明对学生进行心理健康教育，维护和增进他们的心理，健康，使他们具有正常的心理机能和活动，是使他们进行学习的有效心理保障。事实上，心理学的很多研究业已证明，学生在学习上的问题大多源于一些人格因素。

发展学生的智力是智育的另一重要任务。而智力作为人的心理活动中的最一般的潜能和智慧行为，本身就属于心理活动的范畴。正常的智力也是心理健康的标志之一。心理健康的学生既有远大理想，又能脚踏实地生活、学习；既有强烈的进取精神，又有适宜的抱负水平；对学习、工作既有严肃认真的态度，又有高度热情。在实现既定目标的路途中，能持久、不屈不挠地把已开始的行动坚持到底，即使遭受挫折也不灰心，具有顽强的斗志和坚韧不拔的精神；同时又能根据任务的需要和变化的情境，调节和支配自己的行动。毫无疑问，这些品质对人的潜能的发挥都具有巨大的推动作用。

体育的基本任务就是指导学生锻炼身体，促进学生身体正常的发育和机能的发展，不断增强学生的体质，提高健康水平。心理健康教育旨在维护促进学生的心理健康。心理健康与身体健康即心身关系虽非简单的对应关系，但心理健康是人身体健康地一个重要部分。一个人为了更好地适应环境和更好的生活，就必须不断地对环境作出相应的适应，一旦人不能适应各种刺激，就会产生各种疾病。现代医学研究证明，有许多疾病的起因都与心理因素有关。而且随着医学科学的进步，生物方面的伤害已日益受到控制，社会心理因素对身体健康的影响越来越大，总的趋势是不良行为和生活方式对健康的威胁将远远大于保健制度的不当。所以说，提高学生的心理健康水平，无疑对青少年健康成长有极其重要意义。

至于社会主义教育应形成的其他素质，其发展也都依赖于心理健康的水平，只有通过心理健康教育，使学生心理处于最佳运动状态，人的各方面素质才可能获得充分发展。由此可见，心理健康教育既是全面发展教育的内容，也是全面发展教育的基础和内在动因。

2. 开展心理健康教育有助提高国民素质，促进社会主义文明建设

学生心理健康与国民的思想品德素质、文化科学素质及身体素质都有密切的关系。众所周知，儿童青少年是各方面素质的形成和发展时期，亦是个性品质形成时期，一个人良好的智力及个性品质正是在这个时期打下基础的。在这个时期能否不失时机地对他们进行心理健康教育，以形成好的心理素质，对一个人思想品德、学业、能力，以及个性、人生观的形成发展乃至未来国民的素质都有着重要的甚至决定性的作用。在这个时期，如能为学生心理健康打下坚实的基础，往往会成为学生一生发展的宝贵财富；反之，如果由于教育上的疏忽和错误，造成学生身心发展某方面的缺陷，那就会为他们以后的发展造成不可

弥补的损失。据有关方面的调查，成人中有23．4%的心身疾病患者、精神病患者及严重的人格障碍患者都起因于学生时期。生活中不少事实也表明，心理不健康的学生往往在他们走出学校后，仍有一定的心理问题，有的甚至终生难愈。

心理健康教育对青少年一代的重要意义还应从他们所肩负的历史使命看，青少年是社会的未来，一二十年以后，他们将成为四化建设的生力军和骨干力量，而且随着一代代青少年长大成人跨入社会建设行列，他们所具备的素质将构成整个民族的基本素质，其素质高低直接关系到党和国家的命运及前途。何况我国当代青少年所肩负的任务比任何时候都更重大、更艰巨。因此，对这一代青少年的素质教育就更显得特别重要。时代要求这一代青少年不仅德、智、体、美、劳得到良好发展，而且要求具备健康的心态及良好的社会适应能力，只有加强包括心理健康的内的全面发展教育才能造就出这样的新人。

此外，心理健康教育也是精神文明赖以实现的手段。在学校开展心理健康教育，对于加强精神文明建设，促进社会安定团结，提高广大儿童青少年乃至全民族的心理素质同样具有不容置疑的重要意义。

给小朋友的建议

教师必备知识丛书

牛 角 船

那只牛角船摆在阿锐房间书柜顶上，差不多有一年了。它是阿锐爸爸开会得的纪念品，爸爸回来，正好遇上阿锐过生日，就转送他做生日礼物。船虽然精致，可它既不会发声，也不能开动，实在不好玩，一直就搁在那儿。阿锐玩的玩具多着呢，牛角船很快被他遗忘了。

这天是周末，同学阿建来玩，阿锐大方地搬出了所有宝贝。阿建偏偏对那只船发生了兴趣，因为父亲是海员，他从小就喜欢船，搜集了不少玩具船、模型艇。牛角船的造型别致，材料独特，阿建一看就喜欢上了。见阿建爱不释手，阿锐大方地一挥手：

“拿去吧，送给你啦!”

阿建眼睛一亮：

“真的，太好了，谢谢你！以后我一定找点什么送给你!”

阿建高高兴兴地把船拿走了。

第二天，妈妈打扫卫生时发现船不见了，问阿锐，阿锐便说了事情的经过。妈妈用手指戳戳阿锐的额头：“傻孩子，牛角船很贵的，随便就送人，看爸爸回来不说你!”

听了妈妈的话，看看空空的书柜顶，阿锐心里有点儿后悔了。也是，阿建不过是个关系较好的同学，又没什么特别的交情，又没有送过自己什么，好好的一只船送给他，怪可惜的。

下午，阿锐上街，特意去了一家大百货公司，他在工艺品框台找到一只类似的牛角船，再看标价，哇，二百多块呢。阿锐想不到牛角船这么贵，他更心疼了，恨不得立刻去找阿建把船要回来。可已经送人的东西，怎么开口要呢？

星期一上学，遇到阿建，阿锐心里有了气：“这么贵的东西，也好意思接受!”阿建对他格外热情友好，他对阿建却是冷冷淡淡的。

谁知一放学，阿建找到了他，递给他一个大纸包。阿锐打开纸包，正是那只牛角船：

"我妈说这船很贵重，我不能接受，还给你。我那天实在太喜欢了，不知道那么贵。不过，我还是很感激你的慷慨大方，你对我这么好，我想把这个给你……"阿建摊开手，他的掌心里有一枚亮晶晶的银币。

"这是马达加斯加的钱币，我不知它是不是值钱，不过它是我爸爸带给我的。"

阿锐喜欢钱币，他收藏了不少各国钱币。阿建的这枚钱币，他当然想要，可是……

阿建不由分说把钱币塞进阿锐的手中。阿锐一句话也说不出，红着脸说"谢谢"，把拿回手中的牛角船向阿建递过去。

给小朋友的建议：

1. 常有儿童比较"小气"，爱惜自己的东西，不愿与人分享。有的孩子不仅"小气"，还爱占别人的便宜，对别人的东西毫不客气，对自己的东西特别吝啬。

2. "小气"影响友谊，是与同伴和谐、亲密相处的障碍。"小气"的孩子大多意识到"小气"不好，他们会找一些借口，心里也会有思想斗争。

3. 真正的"大方"必须是真正的"无私"，将最心爱的无保留地与人分享。

4. 索要、接受的一方，亦要谨记"君子不夺人所爱"的古训，恪守"君子之交淡于水"的交友原则。

5. 真正的友谊不是建立在物质基础上的。

上锁的日记本

过了12岁，亚敏开始记日记。

女孩都爱学记日记，长大了，会有好多想法，有些想法不愿对父母说，就只能对日记说。日记是女孩子的朋友。

亚敏的日记，写满琐琐碎碎的事情。偏心的老师、小心眼的女同学、班上的笑话，都是她描写的对象，当然，也会写到对某个男生的好感，对父母的某些不满。

亚敏不认为自己的日记有什么秘密，不过谁又愿意自己的日记被人偷看呢？

只可惜她一直找不到一个妥善的地方存放日记。

带到学校去，肯定不行，书包放在桌子抽屉里，离开总不放心，放在家吧，哪里都不安全。家里根本就没有上锁的抽屉，要是大张旗鼓地安上一把锁，爸爸妈妈肯定以为她有什么“情况”了。

于是，亚敏每天都得为藏好日记伤脑筋。床底下，衣柜里，甚至鞋盒里，都藏过。

可爸爸妈妈似乎总可以找到。亚敏不止一次发现日记本被动过了。于是，她有意放了做记号的头发丝，结果，还是证实了她的猜测。

那天，亚敏一直闷头吃饭，不说话。爸爸妈妈呢，交换了一下眼色，也不开口。亚敏想，要是质问他们，准得吵起来，她不愿这样。

回房后，她在日记本上写了一段话：

亲爱的爸爸妈妈：

我知道你们看了我的日记，我很伤心，我没有得到你们的尊重和信任。我相信你们没有发现太多严重的问题，请你们不要再看了。如果我知道日记会被你们看，我很难在上面写我真心想写的话。说不定我从此就不再写日记了。

每个人都有自己的秘密，我也有。

你们是我最亲的人，如果我想告诉人，我愿意先告诉你们，不过，你们得理解我，做我的真正的朋友。

一个星期，亚敏没有再写日记。

再过一个星期，是亚敏 13 岁生日。爸爸妈妈给她的生日礼物，是一本带小锁的日记本。

给小朋友的建议：

1. 日记是一片谢绝外人参观的“私人领地”。日记被偷看，即使偷看者是最亲近的父母，也让人难以接受。

2. 父母翻看子女的日记、信件，倒不是为了满足好奇心，而是担心孩子有什么“违规”言行，或者希望通过日记了解孩子。他们的出发点是善意的。

3. 记日记之前，先跟父母讨论一下，听听他们的意见，表明自己的态度，取得一致意见后；你实在不放心，可以大大方方把日记锁起来。也可以选取一些片断，念给他们听，展示一下自己记日记的目的和写作风格，让他们放心。

参赛名单

雅静一开始对语文没有什么特殊兴趣，相反，她的数学成绩比较好。

五年级时，换了一个姓郭的语文老师。他知识渊博，课堂气氛活跃，雅静很喜欢上他的课，也因此爱上了语文。她用心听课，认真做作业，每次写作文，她总是看很多范文，精心构思，改了一遍又一遍，抄好交上去，每次她都焦急地等待着作文本发下来。雅静的努力没有白费，她的语文考试成绩有了明显提高，郭老师还经常在课堂上念她的作文片断。

暑假的时候，雅静写了几篇稿子投到报社，没想到，有一篇竟然在报上登了出来。雅静激动得一晚上没睡好觉。

“不知郭老师和同学们看没看今天的报纸，”她想，“要是明天开学就好了，我可以把报纸带去给他们看!”

开学那天，雅静真的把报纸带去学校了，不过，她没好意思拿出来。让她意外的是，郭老师提到了这件事，在班上表扬了她。

新学期，雅静学语文的劲头更大了，她甚至有点忽略数学，让教数学的班主任警告了好几次。遇上有作文，她总是写长长的一篇，耽误别的作业也不在乎。看到红笔批的高分，她多高兴啊。

有一天，郭老师在上课前提到要派同学参加作文比赛。雅静的心一阵狂跳，她相信一定是她去参加了。紧接着，郭老师宣布了他指定的参加人选，让雅静难以相信的是，没有她的名字，真的没有。

雅静尽量装出若无其事的样子，但她心里却非常的难过，她不明白，郭老师为什么要这样做?

那天晚上，又有作文，雅静怎么也写不下去，她只写了短短的几行。一连几天，她的语文作业都做得很潦草、马虎。

郭老师把雅静叫到了办公室。

“我知道你生气了，我也知道你为什么生气。”

郭老师说话直截了当，雅静莫名其妙地红了脸。

“我吃惊的是，原来你不是真的喜爱语文。”

雅静想要辩解，张了张嘴，又闭上了。

“一场比赛就能让你放弃努力，你学习就是为了参加比赛么?”

看雅静又羞又窘，郭老师转换了话题。

“我没选你参加比赛，是因为你的长处在想象和创作，而不在比赛。你有没有注意到，你的课堂作文写得不如家庭作文?”

郭老师递给雅静一个信封。

“这是为你准备的。”

雅静打开信封，是《小学生作文报》的征文通知。

给小朋友的建议：

1. 对于有的儿童来说，他们的学习目的与学习动机是较模糊的，有时是为了得到父母的奖励，有时是为了得到老师的表扬。建立在这种动机上的学习兴趣常常不稳定，容易因失败和挫折而改变。

2. 好胜心是儿童参予竞争的动力，但如果好胜心中夹杂着太多的虚荣心，就会把胜负看得特别严重。从长远来讲，虚荣心不是良好的学习动机，它还可能引起一些其他的心理问题。

一道难题

王小明盼望着公布数学考试成绩，这可是从来没有过的稀罕事!

小明的学习还不错，只是数学差一点，每次考数学他都提心吊胆，生怕挂“红灯”。数学是班主任李老师的课，考不好，堂上要挨批评，回家要挨骂，发数学考试卷的那一天，常常是他倒霉的日子，让他紧张又害怕的。这次是怎么回事呢？

考试那天，拿到试卷一看，小明就乐了，最后一道题他做过。那是他去叔叔家找表弟玩时，正碰上叔叔给表弟辅导数学，叔叔让他一起听，叔叔讲了三遍，表弟才明白，坐在旁边的小明也懂了。这道 15 分的题，他轻轻松松做了出来，其他的题，他也做得比平时认真。下课后，好多同学都说最后一道题不会做，小明心里暗暗得意："这回要得个好分数了吧。"

星期三小明一到学校，李老师就把他叫到办公室，问他这次数学考得怎么样。小明见她很严肃的样子，不像要表扬他，就含含糊糊地回答："还可以吧。"李老师打开抽屉，拿出一份试卷，小明一看，正是自己的，上面打了许多对钩，可是没有分数。

"你知道为什么我没给分吗？"李老师问。

"不知道。"

"从卷面上看，你可以得 95 分，这是班上第二高的分数。最后一道题，是我特意安排的一道难题，只有你和许军做出来了，而且做法一样……"

小明不傻，他的脸立刻涨得通红。许军是他的同桌，又是班上的数学尖子，李老师一定认为是他偷看了许军的，小明又气愤又委屈，他的数学差，就一定是他偷看吗？

"您为什么不问问许军？"

小明说完，不等李老师回答，转身离开了办公室。

两天后，李老师找到小明，向他道歉，许军已经承认了错误。小明把自己做出题的原因告诉了李老师。

"你那天怎么不说？"李老师问。

"我怕您不相信，"小明犹豫了一下，又问，"要是许军坚持说没有偷看，您会不会相信我？"

李老师认真地想了想，点点头，又摇摇头："要是你当老师，你会怎么做？"

"我会把两个人一起找来问，"小明非常肯定地说，"虽然一个成绩好，一个成绩差，有时候也有例外的。"

“这次是老师的错，老师决定给你做出赔偿。”

李老师的“赔偿”是每周给小明辅导一次数学，小明接受了。半个学期后的期末考试，小明的数学得了 90 分。

给小朋友的建议：

1. 好的老师，对所有学生都应该是一视同仁，遇到老师偏爱偏袒，偏听偏信，特别是涉及到自己时，当然会感到不开心。

2. 事实上，班上的同学有几十名，老师很难做到平均分配注意力，他们一般比较关注优等生和差生，常常忽略中等生，被冷落的同学容易有老师偏爱的印象，而差生也因为常挨批评认为老师对自己有偏见。

3. 在过去多子女的家庭，父母总免不了偏爱，听话的。体弱多病的孩子，更能得到父母的关心照顾。在学校里，老师喜爱学习好的学生多一些，也是人之常情。

4. 遇到不合理的事，向老师说明情况，心怀宽广，小的得失不要计较，心底无私天地宽。

5. 个别老师不喜欢你，不要紧，常常有老师不喜欢的学生反而成绩优异；要是所有老师都不喜欢你，你就要找一找自己的原因了。

差生档案

明德小学新调来一位姓王的语文老师，接替退休的罗老师做了四年（2）班的班主任。他很年轻，宽宽的额头，明亮的眼睛，当他迈着轻快的步子走进教室时，全班同学热烈鼓掌欢迎。

第一堂语文课，就闹了笑话。

课文刚讲了一段，提问时，几个学习好的同学齐刷刷地举手，他们都希望能给新老师一个好印象。

王老师看看他们，拿起了座位表：

“蔡林同学，请你回答。”

全班哄堂大笑。坐在最末一排的一个胖男孩子站起来，他低着头，一声不响，恼火地盯着笑得前仰后合的同桌。

王老师重复了一遍问题，见蔡林还是不出声，才挥手让他坐下，改让其他同学回答。

课后，王老师把蔡林找到办公室。

“蔡林，我刚才提出的问题你会吗？我猜你是会的。”

蔡林不说话。

王老师其实猜对了，刚才的问题蔡林确实能答，平时他不怎么听课，因为换了一个老师，他觉得挺新鲜的，一直在注意听，提的那问题又不算太难。

“同学们笑，你好像不太高兴。不过，他们为什么要笑呢，我做错了什么吗？”

蔡林看了看老师，撇撇嘴：

“老师，我是差生，没人提问我的。”

“差生？”王老师摇摇头，“谁说你是差生？”

蔡林想了想：

“大家都这么认为，我，我自己也承认。”

王老师正想说话，上课铃声响了。王老师让蔡林回班上课。

放学时，王老师在教室门口等蔡林，把他叫到一旁，递给他一个大信封，让他回家去看，信封正面是几个大字——差生档案。

几个同学围上来，蔡林推开他们，拿着信封自顾自走了。

一出校门，他就忍不住拆开信封，里面有两张纸工工整整地写着：

贝多芬学拉小提琴时，他的老师说他绝不是当作曲家的料。

发表《进化论》的达尔文在自传里透露：“所有的老师都认为我资质平庸，与聪明不沾边的。”

爱迪生小时候反应奇慢，老师认为他没有学习能力。

爱因斯坦 4 岁才会说话，7 岁才会认字。

物理学家牛顿小学成绩一团糟。

俄国作家托尔斯泰大学时因成绩太差被退学。

英国首相丘吉尔小学六年级曾留级。

艺术家罗丹考了 3 次都没有考进艺术学院。

蔡林把信纸放回信封里，小心折叠起来，收进口袋。大踏步回家去，他一面走，一面伸手摸着衣袋，好像里面装着宝贝似的。

给小朋友的建议：

1. 学习成绩差有多方面的原因。调查显示，不同孩子，智力发育有细微差别，但正常孩子很少因智力因素出现学习困难。

2. 许多杰出科学家、文学艺术家、政治家，曾有过学习成绩不佳的经历，他们并没有因挫折而气馁，而是做出了令世人瞩目的成就。

3，从事教育科学研究的专家认为，小学、初中阶段确定一个学生是“优等生”或“差生”，为时过早。从严格意义上来讲，只要做出最佳选择和有效开发，每个孩子都是天才。

4. 改变学习落后的局面要找一找落后的原因，从培养学习兴趣、改进学习方法、提高学习效率各方面入手，还要增强自信心。另外，上课集中注意力也很重要。

尖子学生为何名落孙山

小铭的家从城东搬到城西，小铭也从东风小学转到解放小学。解放小学是市重点，转学本来是麻烦事，对小铭来说却一点都不难，因为小铭是参加过数学奥林匹克选拔赛的尖子学生，哪所小学都愿意接收他。

因为转到解放小学，小铭成了新学校的选手，他暗暗下决心，一定要在正式比赛中好好表现，取得好成绩，给学校的老师和同学留下一个好印象。

小铭把所有的课余时间都花在了准备竞赛上，他做了好多好多的模拟竞赛题，那些天，他做梦都梦见考试。在紧张的准备和焦急的等待中，竞赛的那个星期天终于来到了。

小铭坐在考场里，心里“怦怦”直跳，他太想成功了，试卷发到手里，考试从不紧张的小铭手居然微微颤抖。他努力镇定自己，把注意力集中在考题上，虽然题目他大部分会做，一道道做下来，他还是觉得头晕眼花。在做题过程中，小铭还遇到了两个小难关，他花了比平时多得多的时间才解决问题。他奇怪的是，他做完后整整还剩 40 分钟。小铭没有多想，提前交了卷，他实在太累了。

一个月后，成绩公布，小铭名落孙山，连三等奖都没有得到。小铭不相信这个结果，解放小学奥林匹克辅导班的带队老师也不信，他们申请核查试卷。核查的结果大大出乎他们的意料，小铭漏做了试卷背面的所有题目，整整丢了30分！而且这30分是比较容易拿分的题，小铭绝对可以做对的，加上这30分，小铭能拿一等奖。

知道事情真相后小铭哭了，他哭得很伤心，谁都劝不住，直到回了家还哭。他不是不能承受失败，可这种失败多可惜呀，他非常后悔，为什么没把试卷翻过来看看，或者把题分加一加呢？

其实，小铭的失败恰恰是在于他害怕失败，对成功的极度渴望使他不能放松自己而处于极度紧张的心理状态，反而失败了。

聪明的小朋友，小铭的经历告诉我们，要想成功，心理素质很重要！

给小朋友的建议：

1. 有的小学生在考试前会出现情绪波动、焦急、寝食不安，有的考试时过分紧张，不能正常发挥。这种考试紧张症并不是差生专有，学习较好的学生也有类似情况发生。

2. 考试紧张的调节，要从正确认识考试开始。考试的目的是检查教学的效果，通过考试，老师和学生都可以发现欠缺和不足，加以弥补，会就会，不会就不会，何必紧张！再说，紧张只会帮倒忙，越紧张，考得越差。

3. 成绩也不是衡量学习的唯一标准，过分看重考试的分数，太在意成绩的高低与排名前后，偏离了学习目的，也容易造成考试紧张。

4. 在考场上发生心跳加快、手心出汗、注意力难以集中等情况，可以采用一些具体方法放松，如数数、反复深呼吸、把视线转向窗外景物等调整紧张心理。还可以小声自言自语："我能行！"或"没关系，能考好。"通过自我暗示，缓解消除紧张状态。

转　学

王建国的父亲住院了，住的是传染病院。班上的同学传说他父亲得的是乙型肝炎，渐渐地，他们疏远了王建国，没有人和他一起玩了。

“他摸过的东西可不能摸，一摸就传染！”

“他脸色发黄，肯定有肝炎！”

“他和他爸爸住在一个屋子里，还能不被传染?”

各式各样的议论都有，就是没人相信王建国的话，他一再说他没有得肝炎。

学校举行乒乓球比赛，王建国的球技在班上是数一数二的，班主任陶老师本来决定选派他参加，结果好多个同学都去找老师表示反对，不愿跟他练球、比赛。老师很生气，坚持原来的决定，最后还是王建国自己放弃了。

每天，王建国都独自来上学，在班里，他很少说话，自己把作业本送到讲台上，基本上不和同学打交道。

学期中，从外校转来一位同学，坐在王建国旁边。这一天上课，王建国忘了带尺子，那同学便友好地把自己的尺子借给他用，王建国很感动。当他做完练习，要把用完的尺子还给那同学时，谁知对方竟然说：“我不要了，送给你吧。”

“肯定是有什么人乘课间操时又散布了我有肝炎的谣言。”一股怒火升上王建国的心头，他冲出教室，到校门口商店买回一把有包装的新尺，用自己的小刀割开胶套，当众把自己没有接触过的新尺抖落到新同学的桌上。

有人看见，王建国的眼圈是红的，但他没有哭。

学期结束，放假前最后一天，当同学们回到教室，发现王建国座位空着。黑板正中贴着一张纸，那是一张验血的化验单，所有的检验项目都写着“阴性”，结论是“肝功正常”，姓名一栏填着“王建国”3个字。

陶老师走进教室，她认真地看了看化验单，她的表情变得很严肃。

“这大概是王建国清早来贴的，他已经办了转学手续。他为什么要贴这张单？他为什么要转学？假如他真有肝炎，我们就不能接受他吗？”

没有人回答，同学们一个个低下头去。

给小朋友的建议：

1. 每个孩子都生活在同龄人的集体中，他们渴望被同伴接纳，在集体中找到自己的位置，如果因某种原因遭到歧视、孤立、冷落，他们将承受巨大的心理压力与心灵伤害。

2. 歧视同伴的孩子，无视被歧视者的感受，在他们的品格中，欠缺了友爱、同情心、热诚与宽容，这对他们的健康成长同样是有害的。

3. 校园中的歧视现象，是社会上种种歧视与偏见的投影和延伸。儿童本来具有善良的天性，孩子们应该保持自己的纯真，抵御不良的污染与侵害。

4. 歧视是一种逆境，只有具备良好的心理素质，才能经受住歧视的打击和考验。要从根本上改变被歧视的局面，必须依赖于自立、自强的精神。

漫画书事件

一个男孩去上学，经过一条小巷，小巷口有个五六岁的孩子在看漫画书。

他看的是什么呢？

男孩好奇地把头凑过去。咦，是《宇宙战士》，新一期的。

“喂，小孩，这书哪里买的？”

小孩抬头看看男孩，摇摇头：

“我不知道。”

男孩心里痒痒的，上课时间眼看就要到了。

“借给我看一看，好不好？”

“我又不认识你，我自己还没看完呢。”

男孩把手伸进裤口袋，一个劲儿地掏，掏出两个士多圈和一块糖。

“我跟你交换，你把它借给我看一个下午，我把这些给你。”

小孩看了看，还是摇头：

“我妈妈不让我要别人的东西。”

男孩又往书上看了一眼，到了最紧张的时候，下面会是……

（错误警告，危险！）

要迟到了，不能再往下看了，还有大半本呢。他往四周看了看，一把抢过漫画书，转身就跑，小孩大哭起来，听见哭声，他跑得更快了，孩子的家长出来，会抓住他的。

（第一个错误）。

男孩把漫画书塞进书包，进了校门。第一节课上完，他就迫不及待地拿出漫画书，翻看起来，男生们也都围着他，一起看。

第二节课上课时，教室里的喇叭响了，辅导员的声音传了出来：

“哪位同学拿了一个小孩的漫画书，请交到我这里来。小孩的家长找来了。”

通知重复播放了两遍。全班同学都往男孩这边看，班主任也用询问的目光看着他。

糟糕，这下子可麻烦了，我一承认，全校都会知道……

（错误警告，注意！）

男孩站起身：

“这本书是我买的。你们也知道，我经常带漫画书到学校来，那不是我干的，我没拿小孩的书。”

（撒谎。第二个错误）

老师和同学都相信了他，上课照常进行。

男孩心里紧张得好像敲起了小鼓。“小孩认不出我吧，”他想，“那么一会儿，他就记住我啦？不会的。要是认得出我……”

好容易捱到下课，他赶紧收拾书包回家。他很想一个人走，可是男同学们都等着和他一起走，那本漫画书还没看完呢。

男孩没心思看书，他想回家。那本漫画书成了一块大石头，重重地压在他的心里。

走到小巷口，男孩低下头。小孩和他奶奶在巷口站着。

“奶奶，是他!”

“小孩的手准确地指向了男孩。男孩红着脸把书从书包里拿了出来。

小孩的奶奶接过书，对男孩身边的同学说：

“请你们向老师反映，好好批评批评他”。

同学们散开，各自回家了。男孩垂头丧气挪动了脚步。

“老师一定很生气，要请家长，妈妈知道了还好，爸爸要是知道了，打起人来……”

男孩这样想着，脚步越走越慢，他没脸回家，也不敢回家，他往公园走去。

(逃避惩罚，不回家。第三个错误。)

天渐渐暗下来，公园的人一个一个往回走，四周大楼的灯亮起来，男孩孤零零坐在长椅上。

“要是我今天不抢小孩的书……”

“要是我不撒谎，把书交上去……”

男孩抱住自己的头：

“我该怎么办?”

怎么办呢?

聪明的小朋友，帮他想想办法吧。

给小朋友的建议：

1. 属于他人的钱、物品（包括家长的钱），不经允许，是不可以拿的；商店、超市的物品，没有付钱，不能带走。

2. 明知偷窃不好，却控制不住自己，是意志薄弱的表现。

3. 牢固树立以偷为耻的道德观念，可以抑制占有物品的冲动和欲望。当你特别喜欢某件物品时，可以告诉家长，只要你的要求不过分，他们会考虑的。

4. 发生过小偷小摸行为，要吸取教训，坚决改正；改正了，就不必理会别人的议论。

5. 对于没有察觉的偷窃行为，如果没有勇气承认，就尽力做到原物归还，以实际行动改正错误。

6. 追求物质的欲望是无止境的，面对商品的诱惑，首先要学会自控、自制。

校园风景

第3节是自习课。

张旭做完了作业，无聊地东张西望。忽然，他发现了一件事。在西斜的阳光映照下，靠窗一排的女同学头部的侧影都很美，特别是凌吉，她的额头、鼻梁、嘴唇、下巴，流畅的线条构成了几乎完美的轮廓。张旭的爸爸妈妈都是搞美术的，张旭从小就练成了绘画“童子功”，他不假思索，用钢笔画下了凌吉的头像侧影。

“像，真像！是凌吉吧。”

同桌金林赞不绝口。张旭很得意。

“送给凌吉吧，她一定很喜欢。”

张旭觉得金林的主意不错，就在速写画上龙飞凤舞地签上自己的名字。一下课，他跑到凌吉面前，把画递给了她。

凌吉是那种骄傲的女孩，平时不怎么理男同学的。张旭递给他一张纸，她很意外，打开一看，她的脸“刷”地一下红了。

男同学女同学围上来看。女同学捂着嘴嘻嘻直笑，几个平时爱闹的男生“喔喔”怪叫着起哄。

凌吉咬住嘴唇，把那张速写一撕两半“啪”的一声拍到张旭手中，推开众人，拎着书包跑了。教室里一片寂静。

张旭的脸涨红了，他有一种心痛的感觉：事情不应该是这样的，不应该。

过了2个月，张旭的父母调往另外一个城市工作，他也要转学去那里。

办完手续，张旭离开学校，意外地发现凌吉站在马路边等他。那件事后，他们一直没有说过话。

这次凌吉也没有说话。她只是把一盒速写铅笔塞给张旭，就像上次那样跑走了。

过新年的时候，五年（1）班每个同学都收到了张旭从外地寄来的贺卡。

凌吉的贺卡里没有写文字，只画了一幅校园的风景。

给小朋友的建议：

1. 男同学与女同学是应该互相交往的。在交往中，可以互相学习对方的长处，团结协作，把班集体建设好。男女生之间的正常交往不应该有什么顾虑，即使是两个男女生之间交往密切一点，建立友谊，也没有什么不妥当的。

2. 少年儿童的异性交往与成年人的男女社交、恋爱有质的不同。少年儿童可能通过影视作品，或社会见闻对成年人的情感方式有一定的了解，但把成人生活搬到自己生活空间，议论嘲笑同学的正常交往，会严重伤害同学的感情。

3. 对某个异性同学有好感，属于正常现象，理智对待自己的感情，把它限制在适宜的范围之内，对双方交往更为有利。“早恋”，就像一个青涩的果子，而且对于少年儿童来说，“早恋”实在是太早了一点。

101 次射门

星期天，秀山体育场旌旗招展，人山人海。

“丰力”杯少儿足球赛正进行 1/4 决赛，城西小学和智达小学两支球队在绿茵场上展开了激战，上半场结束时，双方 1：1 战平。

中场休息后，比赛重新开始。智达小学调整战术，城西小学头球建功的黄海被智达小学两名队员盯死。黄海是城西小学队主力，他在市体校少儿足球队接受了整整 3 年足球业余训练。尽管他技术好，速度快，可他使出全身本领，也甩不开对方像影子一样跟随他的两名队员。而智达小学却抓住了一次机会，由前锋和边锋打了一个漂亮的配合，将足球送入网底，改写比分，以2：1领先。

终场的时间一分一秒的迫近，黄海心急如焚，他一次次试图撕开防线，带球突破，却被那两名防守队员前堵后围地拦截，有意无意地，双方有了一些身体的碰撞。在大约80分钟时，黄海接到队友传球，他意识到这可能是最后的机会了，只见他虚晃一下，左突右冲，终于成功过人，甩脱了那两名围堵队员，向禁区方向突破。

观众被黄海精彩的表演吸引住了，城西小学啦啦队齐声高喊："黄海，加油！黄海，加油！"

智达小学的队员层层阻截，一名队员突然侧身，将腿一带，绊倒了黄海。也许是当时场面混乱，主裁判没有看见这名队员的"小动作"，竟然没有吹犯规。球就这么莫名其妙地丢了，黄海气急，冲到裁判面前争辩，急切之中，他的态度明显有些粗暴，裁判出示了黄牌。

黄海当时就哭了。剩下的时间，他是流着眼泪踢完的。比赛结果，城西小学以1：2败北，失去了参加决赛的机会。

散场后，无论教练、队友和家长怎样安慰，黄海还是哭个不停，并且执意不肯离开。

最后，诺大的球场已没剩下几个人。黄海拎着他心爱的足球走到墙边，一次次对墙射门。他踢得那么用力，好像要把全身的力气用完似的。他的爸爸妈妈站在远处，静静地看着他，默默在心里记数。当他们数到第101次，黄海停住了脚。

他已恢复了平静。他向爸爸妈妈走去，见到他们脸上露出欣慰的笑容。

给小朋友的建议：

1. 在生活中，让人感到委屈的事时有发生，每个人都要有承受委屈的心理准备。实际上，人的一生中，无时无刻不在经受委屈的考验。

2. 委屈能磨炼人的意志，锻炼人的品格，能够承受委屈，是心智成熟的表现。从某个角度说，承受委屈是更深层次的勇敢。

3. 要承受委屈就要学会宣泄愤怒，用合适的方法化解心中的怒气。一般来说，可以同人倾诉，写日记、画画或做自己平时爱做的事，转移注意力，逐渐放松、平息。

4。受委屈后大发脾气、哭闹、毁坏物品甚至自虐，采取种种过激行动，对事情并没有帮助。经常发脾气会造成性格暴躁、感情失控，不利于身心健康。

小学老师教育心理案例分析

教师必备知识丛书

分数：不应成为学生的“命根”

某小学五年级同班的两个学生干部，学习成绩一直很好，经常受到老师和家长的表扬。但在一次期末数学考试中，出人意料的是两人的成绩拉开了距离。试卷发下来，一个只有81分，他感到无脸见人，便趴在桌上伤心地哭了起来；而另一个是100分，就洋洋得意，竟在那位哭泣的同学面前炫耀，老师发现了，把他批评了一顿，他也哭了起来。到下午放学后，他俩各自留下“遗书”，双双离家出走了。一个写道：“爸爸妈妈，我对不起你们，我不敢把只考81分的试卷交给你们，我没有勇气面对你们期待的目光，再也无法在老师同学面前抬起头来，只有以死来证明，我考试确实尽了自己最大的努力……”另一个写道：“爸爸妈妈，我考了100分，老师却无缘无故地批评我。为什么考了好分数不能表现出来？我不明白！我受不了这么大的委屈，我再也无脸见人，我要以死来向老师说明，我没有错！”他俩相约，要一起去看看大海，然后就“勇敢地”跳进去，幸亏有两位老师在火车站发现了他们的踪迹，马上把他们送回家，才未酿成悲剧。

两个学生，得了81分的，心理受不了“分数低”的打击，得了100分的，心理受不了老师正当批评的“打击”，竟差点酿成悲剧。类似这样的事例，在我们目前的学校中并不罕见。这一方面反映了分数在学生心目中的分量，本来是检验学生对知识掌握、能力发展情况的手段的分数，竟“异化”成左右学生的“命根”。两名学生都把分数看得过于重要，所以，无论分数高低都不能正确对待。同时，这与平日家长和老师对孩子期望过高，十分看重分数也有关，否则，他为什么不能忍受比别人分数低，也不敢把这样的分数告诉父母？另一方面，也反映了学生心理承受能力太弱，受不了一点的“打击”。把这些归结为一点：就是目前仍然占据主导地位“应试教育”模式造成的。。因此，近年来，教育界有识之士一再呼吁：由“应试教育”转变为素质教育是有其重要原因的，因为“应试教育”已不能适应改革开放的社会对人才素质的要求，并且造成了大量、严重的中小学生心理挫折。我们可将“应试教育”与素质教育作一剖析和对比，见下表中的各项内容：

	应试教育	素质教育
宗旨	考试选拔达到目的型	普及教育提高能力型
人才目标	智力型　知识型 专才型　依附型	适应型　开拓型　实用型 通才型　独立型
社会环境	封闭的　计划经济 单一　僵化　被动	开放的　市场经济 能人　个性　效益　自主
教育观念	只有优秀者才有受教育的资格	全民提高一般的知识 全民族提高总的能力
教育内容	智育第一分数挂帅 书本知识为主	思想品德素质　科学文化素质 身体心理素质　劳动技能素质
教育态度	功利的　歧视的 强制的　不现实的	接纳的　包容的　欢迎的 尊重的　信任的　诚实的
教育方法	单向　理性　说教 斥责　惩罚　权威 压力　等级　敌视	双向　情感　学生参与 合理　宽容　良师益友 兴趣　平等　鼓励赞扬
教育效果	畸形低效　得不偿失 事故多发　后患无穷	素质全面　身心健全　善于学习　适应社会　迎接挑战

为了实现从“应试教育”向素质教育转变，首先教育工作者要转变观念，教育要面向全体学生，把使所有学生都得到发展作为追求的目标，让学生生动活泼地发展，将学生的考试分数放在适当的位置，减轻学生的分数负荷和心理压力，要明确分数只代表了学生掌握的书本知识的水平，而并不能说明学生的全面发展情况。其次，学校要把心理健康教育提到重要的议事日程，培养学生良好的心理素质和抗挫折的能力。第三，由于中小学生尚处在身心发展的过程中，学习效果会受到方方面面的综合影响，有时出现一些波动也是完全正常的。对于中小学生来说，要着重培养其善于学习的能力和勤奋进取的精神。

注意克服环境的消极暗示作用

小斌从初中一年级到二年级学习成绩总是排在班里前几名，老师和家长对他的学习都比较满意，同样小斌也有一个令人羡慕的家，小斌为自己的父母感到自豪。父亲是某科研单位的研究员，母亲是一家大医院的主任医师，他的家是一个高级知识分子之家，父母无形之中成为小斌崇拜的偶像，也是他学习的榜样。可是到了初中三年级，第一学期末考试结果却让老师吃了一惊，各科平均成绩 70 多分。当他把成绩单拿回家，父亲问他怎么考这么点分时，他满不在乎地说，考得高又能怎么样。母亲着急说，你怎么能这么跟爸爸说话，学习好将来可以上大学。听妈妈说完，小斌不屑一顾地说，那不还跟你们一样，才挣几个钱，能想买什么就买什么吗？你们是受人尊重，可又不当钱花。等初中毕业后我就去做买卖，去挣钱。听了小斌的一番说法，父母简直不明白他为什么会有这样的想法。

原来，前不久小斌家周围搬来了户新邻居，小斌很快跟邻居家的男孩相识了。一次小斌邀请邻居家男孩来家玩，当那男孩看了他家的环境后，问道：你爸妈是干什么的，小斌自豪地告诉他都是高级知识分子。没过几天男孩让小斌去他家，一进门小斌便被男孩家的装饰吸引住了，不仅房间装饰豪华，家中电器、家具也都是名牌，小男孩告诉小斌，他爸爸是做大买卖的，现在是一家公司的头儿，他爸爸说了有了钱什么大学都能上。这次“访问”给小斌刺激很大，使他的心理发生了微妙的变化，此后去小男孩家的次数多了，不断地受到小男孩的金钱教育，尤其是当看到小男孩家中的电脑游戏机之类的东西更使他羡慕不已，使他想到“有了钱什么都可以有”这句话的分量，联想到学校有些同学周末放学家里用汽车来接更加强化了他头脑中金钱的重要性，因此也就使他的动机发生了转移，学习榜样出现了迁移，有了上述的学习结果也就不让人惊讶了。

小斌学习成绩的突然下降，不是因其学习不适应造成的，而是因为一种外在的环境使他在学习上产生的心理挫折感造成的，从而改变了他对学习的态度和认识，影响到学习行为上则是不努力，结果是学习成绩下降。类似小斌这种情况并不是个别的。对于处在青春发育期的中学生来说，他们学习的自觉性还没有完全建立起来，情绪波动较大，判断是非能力还不成熟，因此，极易受外界环境的消极暗示作用。小斌就是因看到同伴家里有钱而装饰“富丽堂皇”的环境，过分地重视了“金钱”的作用，造成他思想认识的偏差，以往作为知识分子家庭一员的那种自尊感受挫，并由此改变以往的志趣。

一段时期社会对一些所谓的大款、大腕等有钱“贵族”的宣传过于频繁，传播媒介也在“塑造”其中一些人物的社会形象如何如何受到世人尊重等。这些宣传则间接地陶冶着青少年一代，这对于一个判断能力和社会阅历都不成熟的初中生来讲很容易受到消极暗示作用，由此容易使他们的学习动机发生改变，追求的目标发生改变，使他们片面地认为良好的教育结果并不能获取金钱上的成功，而且更突出了追求选择中的功利主义思想。对于小斌来说，父母的高级知识分子形象已不再是他今后追求的目标，而与小男孩的相处和新闻媒体的影响使他的选择发生了转变，这样也就促使他改变以前的学习行为，最终只能导致不良的学习结果。

对这样学生的教育指导，当然应主要教育他要有正确的学习目的。但抽象的道理他一时还难以接受，教育指导需要由浅入深、循序渐进。首先要对他进行“角色意识”教育。社会赋予中学生的主要任务就是学习，要好好学习，尽心尽力地学习，掌握应该掌握的知识、技能。其次，要用那些不计报酬、为国家作出重大贡献而受到社会较高评价的优秀知识分子的事迹教育他，感染他，进而深化到学习目的教育上来。让他正确地认识到学习的社会意义和学习的责任感，把学习与社会主义现代化建设，改造世界为全人类造福的远大理想结合起来。最后，要加强对学生进行正确“金钱观”教育，在商品经济社会中，这一点应成为我们学校教育中的一项重要内容。

优等生为何不“优”

立强是初中一年级学生。小学时，他是老师们公认的好学生，学习成绩一直名列前茅，他自己也常引以自豪。但是上初中后，由于缺乏思想准备，不太适应新的学习环境，期中考试考“砸”了，考试成绩仅是全班中等水平。以前的尖子生变成了现在的中等生，立强的心理遭受一次很大的打击，在老师和同学面前打不起精神来，变得越来越消沉，上课注意力也不集中、作业也经常不能完成，慢慢地课也听不下去了。最后期末考试，成绩下降到末流。立强再也不想上学了。

优等生往往是老师注意的中心，不但在学习上会得到重点培养，而且在其他方面也常常享有特权。因此，许多优等生的背后，都有一个致命的弱点，那就是心理适应能力、承受挫折的能力差。他们一直在成功和受赞扬的环境中成长，对自己的评价过高，一旦环境改变，或者遇到了挫折，就会惊慌失措，不知如何处理，严重的会一蹶不振。此例正是这种情况。在小学时，立强的老师对他寄予厚望，在学习等各方面受到特殊的关照，造成他独立学习的能力很差，优人一等的思想严重。可是上了初中，面临的是陌生的老师和同学，全新的学习环境，一时还不能适应。本来以他的基础，在一次失败之后，只要认真查找原因从失败中吸取教训，是可以赶上来的。但是由于他从来没有受到这样的打击，在心理上产生“这太不公平”的想法，并在这种思想认识误区中越陷越深，以至不能自拔。

发生在立强身上的这种情况在许多学校都存在，教师对优等生常常以“优”相待，为他们提供一切便利的条件，但却忽视了对他们进行良好心理素质的培养。为此，我们向教师提出以下几点建议：

第一、培养自我认识能力。教育学生全面地认识自己，既要看到自身长处，又要看到自身的不足。客观地看待自己的学习成绩。

第二，训练其心理承受能力。老师要告诉学生，事情不可能都是一帆风顺的，要有遭受挫折的思想准备。同时，老师要有意地为优等生制造一些“失败”或“挫折”的情境。在这种情境中培养他们承受挫折的能力。

第三，让受挫学生站立起来。对于已经遭受“失败”或“挫折”的学生，要帮助他们认真分析“失败”或“挫折”的原因，找出根源，鼓励他们重新振作精神，坚定信心，继续努力。

第四，教师不要给优等生以“优越感”，要一视同仁地对待每个学生。

保护自尊心：提高学习积极性的心理基础

小林刚到初一（2）班时，班主任老师知道他小学的学习成绩还是比较满意的。小学升初中的成绩在全年级也是在中上等，可是期中考试的综合成绩，小林居然排在班里倒数第十位。班主任感到有些意外，便将数学和语文两门主科考卷拿来，分析后感到：他的回答问题的态度就不认真，基础也比较差，尤其是数学试卷问题更显突出。

中午吃过饭后，老师将他叫到办公室，问他，你这次考试倒数第十名，你是怎样想的。小林听过老师的问话，居然满不在乎地说：“无所谓！这句话出自一个初中一年级学生口里叫老师感到惊讶！以后他的发展该是多么可怕的呀！”难道你考倒数第十名，不感到难过吗？”老师又问，“你希望自己就这么下去吗？”“当然不想，可是数学老师说我也就这样了，我想努力也不行。”听到小林这么一说、班主任老师觉得问题不那么简单，她从正面鼓励了小林几句后就让他先回去了。

下午上班时，她找到了数学老师，了解小林数学课上的表现。不问还好，一问数学老师好像有好多苦水要往外倒，对小林好一顿的数落：一次上课时，我提过问题问谁能回答，全班好多同学举手，我就叫小林，可是当他站起来后，竟然，当着全班同学面问我是什么问题，当时就引起班里哄堂大笑。隔了一段时间，当我叫另外一个同学回答问题时，他却站起来责问我，为什么总不叫他。为了严肃课堂纪律，我当时就批评了他：上一次的事你无理取闹还没有批评你，你今天又是犯老毛病，学习知识一定要诚实，不要不会装会，那样只能欺骗你自己，不过这次批评倒是很有效，以后再也不举手了，其实他的数学成绩也确实不行。

听了数学老师的一番话，班主任老师有些惘然了。可是又不能做过多的解释。但从数学老师的解释中，我们可以感觉到：小林的自尊心、学习动机被她的言行给“剥夺”了，她在没有对小林的情况经过认真的调查分析后就当着全班同学的面作出简单而轻率的结论。心理学表明，有些教师只根据教师的地位赋予他的权力处理事情，而且行使权力时不考虑场合，更不考虑学生的自尊心。他们无视学生的心理要求甚至可能滥用权力变相体罚或侮辱学生的人格，结果只能是伤害学生的情感，造成心理挫折。

实际上类似小林的情况，在一些学校因为教师的工作失误而不同程度的存在，针对这一问题，我们就学生的“动机成就与期待水平”之间的关系问题加以分析指导，希望对学生、教师以及家长有所帮助。

学生的学习动机的发展与学习成绩的提高关系是非常大的。如果一个学生没有学习上的需求，无论外界如何努力都是无济于事的。无论是作为教师还是学生本人，前者应该帮助学生了解自己的动机，而后者则应该根据教师的指导接受自己的动机，同时了解你自己的需要处在何种位置。这里所指的位置既有学习成就的位置，也包括个性部分，而个性部分对一个人的成就动机来说影响重大，并通过成就动机影响学习成绩。

在个性部分内，我们主要谈“爱和归属”与“自尊”问题。

首先，“爱和归属”是学生个体安全感与独立自主精神能否顺利实现的基础。中学生处于“待成熟尚幼稚”阶段，独立性与安全感同时存在并交织在一起，他们十分渴望得到家庭的支持和帮助，以支持其自信心，尤其是在同龄人当中的自主性，如果受到压抑或不公平的待遇将使其动机成就受到伤害。

其次，“自尊”对于成长中的学生而言是不可忽视的因素。如果学生的需要不是受到教师或家长的支持，而是受到歧视，或经常被剥夺，长此下去学生的抗挫折的耐力便会丧失。所以，无论是教师还是家长都应意识到，经常保护学生的自尊心，善意地引导他们对成就动机的增长是非常有益的。

此外，我们还需从另外一个角度去认识学生的成就动机，即是有效地“了解别的学生”。

如果一个学生感到受人尊重和关怀，他将寻求获得同班学生共同追求的东西——学习成绩。如果一个学生感到他有所归属并与他人处于相同的地位，他便会努力地完成满足自尊需要的目的，那么首先要获取的便是学习成绩的优秀。

一个自尊心较强的学生比较关心自己的言行以及在集体中的地位，尤其注意平时的舆论。如果一个教师不公平地给出他一个考试成绩，他会为此争辩不休，甚至不会考虑到教师的地位与身份；另一方面，一个一直主要关心自己并受到他人喜爱和欢迎的学生，也会接受来自教师或好友的指责、批评。

所以，我们了解学生的不同动机层次便能有效地加强指导，发挥学习能力。当然，对于一个心理健康的中学生而言，应该经受住失败与挫折，使自己的成就动机阶梯更长远，这样就可以有时间去探索和在很大程度上发挥出个人的潜能。

他们为何不受同学欢迎

这是一位五年级教师给我们带来的她班小 A 和小 B 的日记。小 A 在日记中写道：“全班同学都不和我好，我爱班集体，但大家都不爱我，我很苦恼。”小 B 在日记中写道：“我好像不是这个集体中的人，李××小组不和我一起跳皮筋，张××她们不叫我与她们一起玩，虽然我表面上很不在乎，但心里很不好受。”这位老师进一步介绍道：小 A 和小 B 都是女孩，学习成绩都不太好。小 A 很少对其他同学的活动发生兴趣，整天沉浸在自己的天地里，在一些事情上从不让步，不懂得照顾别人的利益，经常用武力来满足自己的需求，因此常和其他同学发生冲突。她还经常乘同学不注意时，私自拿别人的东西，一旦同学发现索要时，她会乖乖地退还。小B性格内向，离群，不愿意与人合作，因此在班里也没有好朋友。

小A和小B属于典型的不受欢迎的儿童。不受欢迎的儿童大多数是由于他们在人际交往中的某些不利因素造成的。在小学生中主要是学习不好或行为举止不适应造成的。这种情况不同于儿童孤独症和社交恐惧症，可以通过提高他们的社交认识，增进社交兴趣，加强行为训练等来改善。不受欢迎的儿童一般有两类：一类为受排斥者，一类为受忽略者。对受排斥者要训练他们减少与同伴的主动冲突，减少一些过嫌行为。同时，增强他们对同伴的兴趣，理解和学会与别人合作。对于受忽略者要训练他们学会与同伴建立感情联系的能力，学会建立友谊，增强与其他同学主动交往的能力。对于被排斥者、被忽略者的具体指导，专家们认为一般有三种方法，即口头指导、角色扮演和正向行为强化。

口头指导。这是研究者依照预定的目标，用口头言语指导儿童与同伴进行交往的一种训练方法。这种方法的重点在于提高儿童对交往的认识，纠正不符合预定目标的交往行为。老师可以帮助儿童找出他们不正确的交往行为和相应的观念；针对这些行为和观念告诉儿童应该怎么做，让他们按老师提供的交往行为去练习。经过一段时间，儿童就可能将教师的这种口头指导内化为自觉的行动。

角色扮演。按照预定的训练目标，通过安排儿童充当同伴集体中的不同角色来改进儿童人际交往。具体做法是：有计划地安排受排斥者和受忽略者扮演集体生活中经常出现的几种角色。扮演在某一集体活动中希望加入进来的人或要加入他这个集体的人；让他扮演冲突关系中的双方角色，分别扮演冲突的主动、被动角色；让他们体会引起冲突和解决冲突时不同的心理感受。在角色扮演中，老师要辅以口头指导，让他们练习各种情境中所需的语言、语调、表情、行为等交往策略。

正向行为强化。运用物质的或口头的表扬，强化有效的同伴人际交往行为。具体做法是：教师留意观察学生的实际交往活动，针对这些学生作出的那些符合训练目标的正向行为加以肯定和鼓励。当出现不适当的交往行为时，老师应及时告诉他什么地方错了，应该怎么办，鼓励他们在综合利用以上训练手段的同时，还必须对他们所属的集体进行教育，改变集体对这种儿童的固有看法，使他们体会到一个良好的集体气氛，体会到集体的温暖。

“一次建议”引发的思考

一天下午临放学的时候，张老师的办公桌上放着一封写有“张老师亲启”的信。张老师拆开信一看是一封署名为张欣欣的“建议”：“老师您好，我想了好几天才决定应该给您提个建议：您上课时对同学们说，不让吸烟，可是同学们不服气，尽管我们是学生，但是也是大人了，为什么老师要求我们不吸烟，但您自己还吸烟？我觉得学生跟老师应该是平等的。所以我建议老师应该带头不吸烟，身教重于言教。不知提得是否正确，请您考虑。”

这是一位刚刚入学不到半个月的初一学生写给班主任老师的建议，这是有着快30年教龄的张老师从来没遇到过的事情。一个初一的学生公开地向老师发出了“挑战”，这既反映出学生的独立意识和平等心理，也反映出当代中学生思维活跃，敢说敢为的特点。为此，张老师想得比较多。首先应该在全班表扬张欣欣同学的做法，通过这件事进一步使同学们有一个明确的成熟意识，使同学们的自尊心得到保护，同时树立起共同管理好班集体的风气；其次张老师将这封信送到校长手里，建议学校在教师的管理方面多下些功大，使教师的榜样作用真正能潜移默化地影响给学生，真正做到言行一致。

学校很快采纳了张老师的意见，首先在全校教师会议上给全体教师宣读了张欣欣的建议，让班主任老师对张欣欣同学的做法多做宣传工作，尤其强调要保护学生的积极性，其次规定在学校公共场合下不允许老师吸烟，并专为吸烟的老师挪出一间吸烟室，同时让全校的同学监督。这项规定公布之后，不仅老师中吸烟的人少了，而且很少听到某某同学偷偷吸烟的反映。张老师的做法无疑会给我们一些考师以教育指导学生方面的帮助，同时也从事实上告诉了我们应该怎样去建立师生之间良好的关系。师生之间是一种平等、尊重、友爱的关系，对学生提出的意见或建议，只要是合理的、正确的我们要虚心接受，教师也应该勇于在学全面前承认自己的过失，其结果不仅不会降低你的威信，反而会赢得更多的尊重，否则的话，处理本当，不将学生时建议当回事，或者因伤害到自尊心而“报复”学生的错误做法，只能导致师生之间的冲突、对抗，并由此带来学生心理上的挫折。

事实上，在学校教育、教学中因这样或那样的原因经常会出现一些师生之间的冲突与对抗，分析起来主要是由于以下几方面的原因导致的。

首先，由于学校教育中教师的主导地位很容易使一些教师产生“权威”意识，而且这种意识时常被“教师角色”心理强化，在与学生交往过程中产生“居高临下”心理，因此可以对学生任意发号施令，有时即使发现自己的做法不对或不合适，为了维持自尊心也不去改正。可是对于当代中学生来讲，不仅随着生理成熟发展，心理独立意识增强，更因为社会的发展，信息媒体的增大更使他们的自尊心和平等意识加强，因此也就使他们在内心深处非常反感教师或家长的“专制”行为。

其次，由于知识水平、年龄、社会阅历、情感以及个性特征等方面师生之间存在着实际差异，如果教师不将教育的主体观念放在学生身上，过分强化自己的中心地位，并将自己的观点强加给学生，那么对于比较敏感的、又非常喜欢表现自己的中学生来讲，很容易在知、情、意通道上跟老师筑起心理屏障。

第三、由于在学校中师生之间不能自由选择，所以教师所面临的教育对象不可能每个人的个性特点和行为表现都让自己喜欢。此时一些教师缺乏高度的责任感和正确的学生观，便很容易造成偏爱某些学生、厌恶某些学生，由此造成师生之间的对立，甚至会给一些自信心比较差的学生带来比较深的心理伤害。性格比较内向又怯懦的学生可能出现自卑或者拒绝上学，而性格比较倔强、攻击行为又强的学生则会出现反抗或者报复的行为。

所以说，教育工作者也好，家长也好，对于青春期的中学生来讲，一定要多花些时间去思考他们，多关心他们。尊重他们应从任何一点小事做起。

健康的情绪生活是预防精神病的有效措施

小鸣本是一名品学兼优的好学生，她在文体活动比赛中多次获奖，平时也非常活泼、热情。但是，近两个月来，小鸣性格上出现了令人不解的变化，她不与同学说话，下课后躲着大家。同学们不明白，她为什么变得越来越孤僻呢？有一天，小鸣的母亲突然来学校“告状”，她说：“小鸣在班上是不是有人欺负她？她回家就哭，说同学看不起她，还天天骂她。昨天她说有同学举着一张大纸，上面写着：小鸣不要脸！在她眼前身后来回晃动。怎么能这样对待我的孩子？请老师好好管教一下这些同学。”

班主任老师认真、反复调查，找了不少同学了解情况，发现从来没有同学骂过小鸣，至于在纸上写字在她眼前晃的事也根本没有。有几个同学说出了一个情况，在一次数学课上，老师叫小鸣到前面黑板上演算数学题，其他同学做对了，小鸣却做错了；老师说：“以后别粗心，想好了再做，你不是一直数学成绩不错吗？”以后，她就变得沉默不语了。班主任想，小鸣一定是患了心理疾病，就建议家长一定要带小鸣去心理门诊咨询一下。

小鸣的父母陪同她来到心理咨询门诊。心理医生为小鸣做了各种心理测查，家长叙述了以上的情况。

当心理医生试图与小鸣进行交谈时，却发现她目光呆滞，毫无表情、不能回答心理医生提出的问题。分析心理测查结果，她已经不能顺利完成问卷的填写，并且只小声念叨着：“我要回家，我要回家……”原来，14岁的小鸣患了青春型精神分裂症，她的典型症状就是“幻听，幻视”和

妄想，表现为孤僻，幻想和追究一些荒谬或无意义的问题，她必须立即到精神病医院进行治疗。

青春型精神分裂症发病多数在青春期，发病可急可缓。发病年龄较小的，起病多缓慢，症状也多表现为阵发性加剧。发病急骤的，病程发展则较快，常于短期内达到高潮。起病后，患者逐步表现孤僻，情绪不稳定，如出现不着边际的幻想和执迷于一些毫无意义的问题，或发表一些空洞的议论。随着病情的发展，情感障碍愈加明显，此时，情绪波动极大，忽而大哭大笑，大发雷霆，或者其语言和行为怪异，令人难以捉摸，但对周围的事物则表现为情感淡漠。言语思维障碍表现为，患者言语杂乱，语句不连贯，常有思维中断，有时喃喃自语，很难与之深入交谈。妄想大都荒谬，零乱而不固定，常有象征性思维。幻觉内容丰富，多以幻听、幻视居多，性器官的触幻觉也较常见，幻觉多是离奇古怪，变化多端。青少年因大脑发育尚不成熟，对各种精神刺激的耐受能力有限，是青春型精神分裂症的高发期。

精神分裂症是一种最常见的重性精神病。其发病率在精神病中居首位，占精神病住院病人的一半以上，而在慢性精神病人疗养院里则可占患者总数70%左右，发病年龄以青少年和壮年时期为多。精神分裂症的心理异常表现可归纳为五个方面，即：①思维障碍，包括联想障碍、逻辑进程障碍、妄想等；②情感障碍，由幻觉或妄想引起的兴奋、恐惧、焦虑、忧郁或突然的情感爆发；③意志行为障碍，表现为意志活动减退，对外界事物缺乏兴趣，不主动参加活动；④感知觉障碍，出现各种形式的幻觉和幻想性错觉；⑤其他异常表现，如注意力涣散，自我意识障碍，缺乏自制力等。

精神分裂症的发病原因比较复杂，经多学科的研究，一般认为有下列原因：一是遗传因素影响，例如卡尔曼等人对1087名精神分裂症患者的家族成员进行的调查，发现患病率较当地一般居民高9～16倍；他还调查了953对孪生子，其中268对为单卵双生，二人同患精神分裂症者占86．2%，而685对异卵孪生子中，同病率仅占14．5%。二是精神因素，外界环境中的有害刺激是精神分裂症的重要诱因。三是躯体因素，病程长的患者，可见到软脑膜轻度浑浊，皮质轻度萎缩和脑室扩大；其他如认为与内分泌失调、感染和病毒有关等假说，都未得到充分证据。四是病理生化机制，有研究发现精神分裂症患者体内生物胺的代谢异常，是发病基础。五是病理生理机制，根据巴甫洛夫学派的观点，认为精神分裂症患者的神经类型多为弱型。对精神分裂症的治疗，一般是以医药治疗为主，辅以心理治疗的综合治疗方法。

在对精神分裂症病人的治疗和康复过程中，社会环境因素十分重要。这牵涉到如何正确对待精神病患者的问题。因此要求病人的家属、亲友、同学和邻居等，乃至整个社会都应采取对精神病人同情、关心和爱护的态度，不应对他们采取反感、厌恶、冷漠、歧视或恐惧的态度。要让他们有一个良好的有利于治疗和康复的社会环境，不脱离正常的社会生活，这是对精神病人最好的进行有效治疗的一个必不可少的重要措施。

由于缺乏精神卫生知识，许多人以为精神病很可怕，把精神病患者看作“疯子”。其实，精神病只是心理疾病一种，这类疾病也完全可以预防的。对于儿童和青少年来说，情绪活动是最容易引起心理障碍的。所谓精神刺激，都与人的承受能力有关，如果能够学会调整和控制自己的情绪，培养广泛的兴趣，建立正常的和健康的情绪生活，是预防各种精神病的有效措施，也是易于做到的。如果发现中小学生出现异常情绪和行为，应该及时进行心理咨询或到精神科进行检查，千万不要贻误了治疗时机。

消除自卑　培养自信心

父母二人带着正上小学六年级的儿子来到我们心理诊所，反映孩子的学习成绩一直较好，性格也比较开朗乐观，对事物感兴趣，有一定的探索精神。但近一段时期，孩子的学习成绩明显下降，精神状态不佳，常处于忧郁状态，特别是对父母交给他的事儿缺乏信心，总怀疑自己是否具有完成任务的能力，说自己不是学习的材料。父母不知孩子怎么会变成这样，特来这里求得帮助。

通过我们和这位同学的交谈，学生父母反映的情况确实存在。在这位同学身上之所以产生那些现象，是自我意识挫折造成的。问题产生的具体原因，是该生所在年级不久前进行重新编班，这位同学也因此由原班级调到了一个新组成的班级。在新班级几次考试中，该生成绩虽然同以前不相上下，可在新班级中的名次却落后了，教师只表扬那些名次排在前边的学生，批评排在后边的学生努力程度不够，甚至还挖苦，造成该生思想负担过重，开始怀疑自己的真实能力，其自我评价也开始降低，不再像以往那样对事物充满信心，产生了自卑感，由于心理不适应，从而阻碍了他的能力发展和表现，导致学习成绩连续下降。对这样的学生来说，由于不良情绪的郁积，会产生一种恶性循环：挫折——焦虑——更多的挫折——更大的焦虑，使主体隐于痛苦而难于自拔的境地。最后，导致这类学生形成消极悲观的不良性格。

事实上，矫正这类学生的问题并不很难，关键是教师要转变教育态度，培养和增强学生的自信心。自信心是指坚信自己的能力和力量，是自己相信自己的一种信任情感的表现。它是一种积极的心理品质，是人们行为的内在动力和精神支柱，时时保持最佳精神状态，将全部精力投入到所追求的目标上。如果教师没有注意培养或保护学生的自信心，学生就极易受到心理挫折以及承受挫折的能力不强。培养学生的自信心可以从以下几方面入手：

第一、教师要转变态度，尊重学生，关心学生。所有的学 生都有存在的价值，教师应尊重他们的人格，维护他们个人尊严的权利。学生自卑心理的产生，与其说是因为学习成绩差，毋宁说是教师的教育态度所致。有些教师对待那些学习不太好的学生，总是表现出失望的态度，“敲打”甚至训斥他们。如果教师不断地谈论他们的缺点或不足，就会在这些学生的头脑中形成教师对他的印象。如果教师的话语中有感情成分，这种印象就会在他们的头脑中固化为事实，认为自己真的不行。因此，教师首先应让学生感觉到老师并没有放弃他，当他确信自己受到老师的爱抚和尊重时，他便会自然相信个人的价值，重新振作起来。

第二、帮助学生确定适宜的学习目标，不断强化学生的成功体验。教师要根据学生的真实学习水平，为他确定由低到高、阶段性的学习目标，无论是布置作业，还是学科测验或考试。每当学生实现一个目标或有进步，教师都要采取一定的形式予以肯定或表扬。同时，在课堂教学中，教师要有意地用一些比较简单的问题进行提问，答对时及时予以表扬。这样，学生会不断地从成功中体验到愉快和满足，从而引导他把愉快的情感同自己的努力联系起来，促使他再作努力，再获成功，不断提高学习的自信心。

第三、帮助学生发挥自己所长。让学生做事儿有信心是教师的重要职责。当学生沮丧时要鼓劲，当学生遇到大的威胁时要解除他们的畏惧心理，并教他怎样越过障碍。越过障碍的方法之一就是发挥学生所长，利用学生自己的力量弥补自己的弱点。教师要了解学生的特点和能力，善于发现学生身上的闪光点，注意启发学生发现自己身上的优点。要帮助学生创造条件，使他的长处得以充分地发挥，并随时表扬或奖励。从而，增强学生成长进步信心和力量。

第四、帮助学生学会竞争，在竞争中正确认识自己。在竞争中能够培养学生进取心。既然是竞争，就有成功和失败，但在一定意义上，成功和失败是相对的。就拿学习来说，每个学生都要取得好成绩，得高分数，但大家都得 100 分的可能性毕竟是很小的，得 95 分与得 100 分相比，形式上好像是失败了，但就你掌握知识的程度和学习能力而言，并不一定要比得 100 分的学生差，考试具有偶然性。教师要向学生讲明这些道理，帮助学生正确地分析、认识自己。要让他认识到，自己在学习上赶不上其他同学，但在别的方面自己也有优势。同时，教师要注意磨练学生的意志，不怕困难和失败，能经受住挫折的打击；要善于从失败中吸取教训、悟清道理，跌倒了爬起来，学生同样会从拼搏中增强信心和勇气。

孩子现在的潜意识会在将来产生后果

“夏雨上了四年级，但学习成绩一直都没有起色，总是排在班级的末尾。而且他写字特别慢，每次做作业的时候，母亲总是在旁边拿着一把尺子，数着‘一二三’。在三秒之内，如果写不出一个字，就用尺子把他的手打一下。每次做作业时，夏雨总是吓得抖抖索索。这个母亲在接受‘赏识教育’后，改变了自己对待孩子的方式。一次，小夏雨数学考了30分。照常理，她早就一个巴掌拍了上去，但这次她却对吓得缩在一旁的小夏雨说：‘才开学这么短的时间，你就掌握了30分的知识。’孩子看着妈妈，惊呆了。第二次考了50分，虽然较前一次有了进步，但他却觉得惭愧——对不住妈妈。没想到妈妈却对他说：‘你一下子就提高了20分，潜力还在后头。’第三次，夏雨考了60分，妈妈又对他说‘不要小看这60分，这可是从量变到质变，你终于及格了。’第四次小夏雨竟然考了100分。这次轮到妈妈惊呆了，她怎么也没想到孩子在自己的鼓励下竟发生了这么大的变化……”

上述例子我们不难看出，鼓励孩子会使孩子的学习效果“事半功倍”，而一味的施加压力，得不到父母和老师的鼓励，’久而久之，孩子们就会失去学习的兴趣。更为重要的是，孩子会失去人生宝贵的自信心，变得自暴自弃。老师，请你分下留情！这句话并非作者杜撰，而是出自小学生之口。对一些学习比较差的学生来说，分数不仅仅会给他们带来皮肉之苦，更重要的是让他们较早地体验了失败的滋味。父母对他们失败的惩罚，孩子们会从小就失去了自信心，会埋藏下深深的自卑感和挫折感，这种被压抑在潜意识中的能量，使孩子们的正常心理遭到了扭曲，长大以后，他不但没有任何的创造力，而且就连正常的工作也难以进行。

我曾经从事过大学生的心理咨询工作，几年以后发现，凡是我接触过的患者，大都是从小听话的好孩子，考上大学也是成绩不差的优等生，但是，他们却有着严重的心理障碍，一些人常常会因为一点小事或摩擦就想到自杀。我真为这些优等生的脆弱心理担忧，更为那些还在远方为孩子考上大学津津乐道的家长感到忧愁。他们是否能承受了这样的事实：大学成了孩子最后的归宿。

这种悲惨的事实太多了。上海一所国家重点师大的一位杰出的博士不堪忍受疾病，于一个风雨交加的夜晚跳楼自杀了。接着，在文科大楼接二连三地跳下几位、据说是为爱情而徇情的女生；北京一所著名的大学里的一位刚获准留校的博士生不明原因突然跳楼了。还有一所著名大学的博士生，据说也是爱情失落，从楼上跳下来摔伤了……谁能想到，美丽的伊甸园竟会发生这样悲惨的事情，谁之过？父母、老师你们能推卸责任吗？！不能！

我建议，在孩子的考分上：父母素质不高，请你不要用不合理的方式管教孩子，你是在耽误你的孩子；老师素质不高，请你不要用不合理的批评训斥孩子，你是在挫伤孩子。学校考试是无可非议的事情，分数主要是用来检验学生学习效果的手段，而不是目的。分数应当具有激励孩子改正错误、不断进步的功能，但实际中，分数却起着将孩子过早地贴上标签的作用、划分等级分流的作用、使优者狂傲，差者丧气的作用、使正常者不正常、健康者不健康的作用……

我现在还在担心，老师们如果掌握不好分数评判的尺度，不能正确的使分数发挥作用，那么，有多少孩子不正是躺在分数的屠刀下，发出微弱的呼喊：老师，分下留人呐！

写作之余，我看着自己天真活泼的孩子。他是小学生，学习中等，却有着健康的身体，在学校是棒球队队长，他除了喜欢棒球外，还喜欢读课外书。我鼓励他的爱好和兴趣，我不在意他的考试成绩，但我却在意他的身体和心理以及对待学习的态度。我鼓励他，希望他是一名出色的棒球运动员。他却对我说：作为一名出色的棒球运动员，在什么方面都是出色的！没错，我希望能培养他成为身心健康、适应社会、学会学习、学会工作、学会与别人和谐相处的，哪怕就是普通劳动者，我愿足矣。

智商测验往往是人造的神话

现在中国有太多的心理学家或多或少学了一些国外的理论，就拿来在中国的孩子们身上搞试验，乖巧点的对测试工具（量表）做一些修订，笨拙的拿来就用。他们测完了，回去经过统计处理，一篇署上大名的论文就炮制出来了，也许引起了学术界的轰动，于是乎就成了什么什么专家，对教育改革做出贡献的研究者。然而，被他们测过的学生究竟怎样？测试过后的风波这些专家却全然不晓。下面是发生在一所小学的一件真实事件：

改革开放以来，许多学校都兴起了教学改革。北京市第××小学也一样，纷纷请来或接受一些教育理论工作者和一些心理学家到学校做试验。一天，由一批心理学家在每个年级随即选取了几个班，然后非常正规地进行了智力测验。当测验结果公布后，许多同学都对照标准分数知道了自己的智力商数。当大家都知道了自己的测验分数后，就开始互相询问。有一位三年级的学生，叫张永，他得了80多分，在全班中倒数第一。于是，同学们就开始叫他“弱智儿”。当张永被同学们贴上了这个标签后，就成了全班最受歧视的学生。本来，张永的学生成绩在全班属于中等，这个学生平时学习非常用功，也很扎实，回到家里以后他也很少出去玩，属于听话的孩子。自从被同学叫成“弱智儿”后，可以看出张永越来越自卑，情绪低落，学习成绩开始下降，到期中考试时，两门课的分数都已经降到及格线上。

老师感到很奇怪，叫来了张永的家长询问，只知道张永不像平时活泼了，学习仍然很用功。后来，老师在无意中听到学生们叫张永“弱智儿”，老师这才明白事情的缘由。于是，老师回去找了一位大学教授，向他询问了有关智力与学习成绩之间的关系，老教授详细地解答了这位老师所提出的所有问题，并告诉她怎样处理这件事。

第二天上管理课时，老师宣布先开一个会，会议的主题是：“智力与后天成就的关系”。老师举了个例子，在美国的一个州，有一批教育心理学家对一些孩子做了智力测试，然后把他们的分数记录收藏起来，并一直与他们保持联系，等过了二十多年后，他们对其中一些人的工作成就进行了调查评估，将他们工作的成就与二十多年前测过的智商进行对比，结果发现有三个人出现了如下的结果：甲的智商是130分；乙的智商是110分；丙的智商是90分。预期甲应当是一位科学家，但实际上甲是一位陆军中尉；预期乙是一位大学教授，而乙只是一位普通职员；预期丙是一位普通员工，但丙是获得管理学和化学双博士学位的研究者。这个结果大大出乎所有人们的预料，同时其他的追踪研究结果也证明了智商与人们后天的工作成就并不是像人们所预期的那样。这就打破了智商决定人的命运的神话，人们对智商开始有了一个正确的认识。

看来，后天的教育、个人的努力、发展的机遇是非常重要的。现在，我们可以举个例子再说明这个问题：大家都知道古代有一个小孩叫仲永，如果用现在的标准来看，他一定是个智商很高的孩子，由于后天没有很好地施以教育，长大以后就成了白痴。张永平时学习很好，说明他的智商没问题，现在他的学习成绩下降了，是因为大家经常取笑他，你们想想，如果大家经常取笑你，你能不受影响吗？

又过了几天，发生在另一个班里的却是又一种现象：一些平时学习成绩很好的学生，还有几位三好生，他们的智商只有一百分左右，而平时学习成绩不太好或差的学生，特别是经常调皮捣蛋、挨批评最多的学生，他们的智商却高达一百三四十分。这下子差生可得意了，他们有理由相信将来会更好，而一些好学生因智商问题倒搞得自己怀疑起自己来了，这些学生也开始忧郁，自己智商不太高，将来肯定考不上重点高中，该怎么办？

心理学家测完智商走了，但却留下了什么？他们测试的结果是否科学且不论，但是他们给每个同学身上贴的标签却永远揭不去。有多少同学因此感到自豪而津津乐道，会不会“聪明反被聪明误”；又有多少同学因此而感到自卑，会不会“一蹶不振误前程”。有多少老师不明就理。对一些所谓的“高智商”学生寄予了很高的期望；对一些所谓的“低智商”学生忽视不理。在老师的期望效应下，会不会“优者更优，差者更差”呢？

智商究竟是怎么回事儿？我们不难考究。

从概念上看：通常所说的智力商数（IQ），是指个人的智力测验成绩和同年龄被试成绩相比的指数。离差智商即各年龄组被试的标准分数，它以平均智商为100，标准差为15或16。早年所用的比率智商，即智力年龄与实际年龄之比乘以100，现在已废弃不用。

从智商产生的历史背景看：1904年，法国教育部为了在全国范围内广泛推行义务教育，需要将一些弱智儿童从正常儿童中筛选出来，以便对他们进行专门的训练。当时法国著名的心理学家A·比纳应邀为教育部设计一套专门用于测定儿童智力的智力测验量表，量表编制成功后，对弱智儿童的甄别工作顺利地开展了起来。使比纳始料未及的是，他的工作引发了一场轰轰烈烈的“心理测验运动”，智力测验也由此而得到了社会各界的广泛关注。

20世纪60年代以来，心理学家编制出为数不多的创造力测验（有人把它们称为发散性思维测验），也可以归于智力测验的行列。虽然有证据说明，创造力高的人普通智力也高，但普通智力高的人创造力未必高。

按各类智力测验试用的结果看来，下列三点是比较明确的：（1）由于大部分人的生活环境变化不太大，这些人的智力和他同龄的伙伴们相比，在较长的时间内是相对稳定的。但是如果改变学习的条件，有计划地加以培养，智力商数则可以提高。（2）一般说来智力发展的高峰出现在20多岁阶段的前期，在此以后，一个人的各种能力是否下降，要看所观察的是何种能力以及个人是否使用和如何使用这种能力而定。（3）虽然智力（或普通能力）这一概念在理论和实验两方面部存在着某些缺点，但总的说来，事实证明它在指导测验的编造中是一种有用的概念。

但是，不得不指出的是：智力测验作为科学研究的辅助手段有一定的合理性和有效性，但无论是量表的编制还是具体的施测过程，都不可避免地存在着主观性和随意性的弊端。人的智力活动是非常复杂的，因此很难用一种单一的测验方法来确定一个个智力因素方面的品质。在现实生活中，有些孩子的家长和学校的老师非常热衷于对孩子进行各种各样的测验，并很随意地给孩子们贴上了“超常”和“弱智”的标签。这种做法对孩子造成的负面影响是不可低估的，甚至是持续的。事实上，真正智力超常和智力落后的儿童都是极少数，大部分儿童的智力处于正常水平。因此，我觉得没有必要给孩子们进行什么智力测验以及类似的测验，因为智商高的孩子老师和家长是能够观察出来的，智商不高的孩子同样也是容易辨别的，根本没有必要强调智商的决定作用，孩子们应当对智商测验说“不”。

惩罚，有可能失去人才

前不久，在《报刊文摘》（1998年3月12日）中见到一篇报道：《一场幼儿吃屎风波》，副标题是“七幼儿恶作剧，盛怒之下，当班老师竟让孩子们去吃屎，于是，引发了——”。报道大意是：“1997年11

月17日下午两点多，盛家村幼儿园大班的7名幼儿搞恶作剧，用木棍儿挑屎抹到其他班小朋友的书包上、本子上。大班老师盛宝玉知道此事后，非常生气，对七名幼儿进行训斥，后用黑板擦敲打其中几名幼儿的头，并说，‘你们不嫌屎臭的话，你们就去吃屎吧！’她一连说两遍，然后她又说了一句：‘你们都出去！”几个男孩来到教室外，找到他们抹屎的小棍儿，又来到厕所，用小木棍儿挑起屎，有的抹到了牙上、嘴上，有的则吞了下去。随他们到厕所去的两名女孩见他们真的吃了屎，其中一名女孩赶紧去报告盛宝玉。盛宝玉说，去把他们叫回来。7男孩回到教室，盛宝玉问，你们真的吃屎了？有的孩子承认了，有的没承认。在确知有孩子吃屎的情况下，盛宝玉没采取任何措施。”

7名孩子受到了这种惩罚，都出现了程度不同的病理反应。孩子的病到医院虽然很快就医好了，但是，这种惩罚对他们心灵造成的伤害，恐怕是一生都将伴随着他们。

在我国，大约百分之九十五以上的人在孩提时代都受过程度不同的惩罚。据这一代人回忆，惩罚在使他们变得听话的同时，也使他们感到恐惧和不安全，这种心理一直伴随着他们到了成年，影响着他们与上级领导和同事们的关系。他们还认为更加可怕的是，他们在童年被训斥、侮辱、打巴掌、挨饿、罚站、关到暗室中、甚至威胁要受到更大的惩罚，被剥夺跟其他儿童游玩或吃糖果和水果之类的娱乐活动和消遣，他们几乎会失去做人的尊严，用乞求、妥协来换得惩罚者的宽恕。

孩子是有尊严的，有尊严的孩子是一个能不断进取的孩子，惩罚，使孩子失去的不仅仅是尊严，还有他创造新生活的勇气和充满活力的精神。有关一项追踪调查揭示：有尊严感的孩子与他后天所取得的成就呈正相关，没有尊严感的孩子后天发展平平。

心理学的研究一再证明，对儿童施以体罚会造成不良的后果，这些理由是：

（1）体罚阻碍儿童内部控制力的生长。从表面看来，体罚似乎最能奏效，好像只是狠狠的揍几下就使孩子屈服了。但是只要父母或老师一离开，儿童又会重犯同样的错误。这样的儿童其行动不是由自己头脑里树立的行为规则来控制的，而是被父母的棍棒和老师的严厉举措所控制，也即由外部的压力所控制。这样的儿童自制力十分脆弱，很难抵制外界的诱惑。

（2）父母或老师体罚儿童的行为本身成为儿童模仿的对象。正如社会学者指出的那样，模式随时随地都会影响儿童的行为。惩罚者惩罚儿童的行动实际上在无意地教唆儿童应当如何去惩罚别人。因此，当我们对儿童的某些令人恼怒的行为感到无能为力时，可以检查一下自己在无意中为儿童树立了一个什么样的榜样。

（3）体罚可能使儿童产生与成人对立的情绪，或者变得毫无同情心、冷酷残忍，长大以后对社会造成极大的危害。

然而，作为社会主义的社会，对成人的体罚已经作为对人的尊严的一种侮辱和一种社会耻辱而被取消掉了。但是，难道还有任何东西像侮辱和打骂儿童一样卑劣的吗？在这方面人的良心完全麻木了。

为了所有儿童的健康成长，培养他们成为个性鲜明、具有独创精神的开拓者，为了我们的孩子能在21世纪里激烈的国际人才竞争中立于不败之地，为了我们人类科技的进步，现在，该停止对儿童采取任何形式上的惩罚了。

我们的家长还有教育家们，能否随着孩子的成熟度，慢慢引导他们走出儿童世界，而不是缩小儿童世界。

我们应当清楚孩子的心理，他们对我们的拒绝并不总是错的。我们呼吁，所有的幼儿园小学应当是孩子的社会，成人应当为孩子创设一个更加自然的儿童世界，让儿童在大自然中发展他们的想象力和创造力。大自然希望儿童在成人以前就要像儿童的样子。

如果我们打乱了这个秩序，我们就会造成一些早熟的果实，他们长得既不丰满也不甜美，而且很快就会腐烂；我们将造成一些年纪轻轻的博士和老态龙钟的儿童。儿童是有他特有的看法、想法和感情的；如果用我们的看法、想法和感情，那简直是最愚蠢的事情；我宁愿让一个孩子到10岁时候长得身高1．60米而不愿他有什么判断的能力。事实上，在这种年龄，理性对他有什么用处？它阻碍着体力的发展，儿童是不需要这种阻碍的。

所以，让所有的儿童回到自然中，也许是中华民族最需要的事情了，就从现在做起吧。

“嫉妒”，它的本名永远叫消极

一次，有位学生在作文中写道：“每当语文老师朗读同学的范文时，我心里总是酸溜溜的，甚至怀疑那是抄来的，我想这大概是嫉妒吧……”是的，这就是嫉妒，是针对别人的成功而产生的一种心怀憎恶的羡慕之情。它往往与心胸狭窄、自私自利的心理特征相联系，它的本名永远叫消极。

有些学生听不得别人进步的好消息，同学之间互相封锁学习资料和学习经验，你怕我比你行，我怕你比我强，诸如此类，正是嫉妒心理在作怪。长此以往，不但影响同学间的友谊，且有害自己和别人的学习。一旦这种不良心理融入一个人的个性品质，对其将来的人生道路必将危害不浅。因此，教师如发现学生有这种负面心理，切不可等闲视之。

对待学生中的这种心理现象，不能采用粗暴的指责和简单的批评，而应正确引导，晓之以理，潜移默化。我们语文课本中，古今中外这方面的正反事例不少，是教育学生的好材料。只要我们语文教师不失时机，利用一些典型的材料，将心理指导的任务贯串于教学的始终，学生便会一边接受教师循循善诱的课堂教学，一边不知不觉地调整自己不良的心理状态。

周瑜是《三国演义》中的一个重要形象，又是入选课文《群英会蒋干中计》中的主角。课文中，周瑜是一个大智大勇、风流豪爽的青年将帅。在节选的情节中，竟使拥有八十万大军而又老奸巨猾的曹操上了当，还哑巴吃黄莲有苦说不出……学生为之喝彩却又不解：周瑜这样一个“雄姿英发”的人物既然有这样的超群的才智，为何最终不能战胜各路好手，统治天下呢？我们语文教师不妨作点延伸评讲：原来作者罗贯中的意图是将其塑造成一个具有复杂性格的人物，他既“雄姿英发”智勇双全，又妒贤嫉能，不能容人。作者完全是从拥刘反曹的立场出发来塑造这个形象的。课文节选部分，写的是周瑜对付曹操，作者就不惜一切笔墨，极力地歌颂和赞扬他。当情节发展到周瑜跟刘备矛盾冲突时，作者就突转笔锋，无情地讽刺和挖苦他，这样一个肚量窄小、妒贤嫉能的小人形象经不住智慧之神诸葛亮的“三气”，便呜呼哀哉了。小说虽然是艺术作品，但周瑜身上这种致命的嫉妒心理缺陷，最终葬送了他的锦绣前程，却是一种合乎常情的结局，难道不值得我们大家引起足够的警戒吗？

司马迁笔下众口传诵的“廉蔺交欢”的故事，正是高中语文教材里的重要篇目里的内容。文中的故事情节生动感人，人物形象栩栩如生，蔺相如的大度与廉颇的心胸偏狭形成了鲜明的对比。当外患暂时平息，内部矛盾日益激化的时候，一场龙虎生死斗即将展开。然而蔺相如始终克制忍让，不计得失，不仅感动了偏激的廉颇，也让我们的学生深受感染和熏陶。廉颇最终没有居功卖老，而是坦诚反省，彻底摒弃了嫉妒，勇于负荆请罪，同样值得同学们击掌颂扬。

好材料本身已经具有震撼人、感化人的力量，再加上任课教师的有意点拨和讲解，学生哪有不受潜移默化之理？让我们将本文开头所引的学生作文续写下去：“……与其因嫉妒别人而痛苦不安，不如奋起直追，赶超别人。”

家庭教育心理案例分析

教师必备知识丛书

双亲错误教育观导致的教子失败

C 生，男，小学三年级生。皮肤微黑，显得很有精神。“脑子不坏，就是算术不行。”他母亲带来咨询所时这样说。我（咨询员，下同）首先对 C 生作小儿科检查、神经和运动机能的检查，无异常。然后，分别同母子面谈。先对 C 生询问日常生活情形。

“上学快活么？”

“嗯，极快活！”

“有要好朋友么？”

“有五个朋友呢！”

C 生精神抖擞地口答。于是改变话题，问起家庭生活。

“回家后，常同伙伴外出游戏？”

“家里没伙伴，所以在家里一个人玩。”

“干些什么呢？”

“嗯，搭塑料积木呀，或是玩玩具高尔夫什么的。”

“星期六和星期天呢？”

“同妈妈一道去外婆家。”

真是天真活泼的孩子，这样的孩子怎么会算术成绩不良呢？我百思不得其解。我拿出了三年级用的算术诊断卡片。这套卡片记载了同算术有关的种种事项和术语。

“我这里有各种各样的卡片。你把它们分成三类看看：喜欢的卡片，不喜欢的卡片，很难说喜欢不喜欢的卡片。”我向 C 生提出要求。分类很快便完成了。喜欢的卡片是加法、减法、九九口诀，不喜欢的卡片是米、分米、毫米、千米、克、千克、升、分升等符号和时、分、秒、刻等。难说喜欢与否的卡片是图形系统。

同 C 生面谈之后，接着跟他母亲面谈。不一会儿母亲便喋喋不休地说起来：“C 生在上学前曾经作过智力测验，智商竟有 135。我丈夫是 T 大学毕业的，我也是大学毕业。因此我想，这个孩子算术那么差，真是岂有此理。近来的测验，尽是50 ~60分。这到底是怎么回事呢？”

于是，我问道：

“测验的卷子仔细研究过没有？”

“没有。”

“那么，哪些题目不会做，同C生谈过么？”

“由于分数总算在及格线上，我还没有那个闲功夫去刨根究底。”

C生睁大眼睛看着母亲，神情沮丧，一副可怜兮兮的样子。母亲把C生的算术试卷带来了。从试卷来看，有关长度和重量的单位，C生完全不理解。有关量与测量的基础知识也不扎实。我对他母亲指出了这些情况，然后，尽量冷静地对她说：

“智力并非全由遗传所左右，智商高也不是万能的。不管智商怎么高，如果平常未形成学习习惯，简单的算术题也是做不了的。至于是否接受我的治疗，你回去以后跟你先生好好商量后再决定吧！”

母亲默默地听着，站起身来但嘴里嘟囔着：“难道我们的教育方法错了么？”

我认为，C生的学业不良是短期内能解决的轻症。然而，究竟是什么原因导致学业不良的呢？我分析有三个原因。

第一个原因，C生是越区上学的儿童。他在自家的周围没有游戏伙伴，只好独自一个人玩。对于时间、长度之类缺乏真切的理解。

第二个原因，双亲对自己的孩子过于自信。以为智商高就可以心安理得了，而没有使C生养成同其年龄发展阶段相应的学习习惯。加上C生比较早期就能流利地阅读书籍，加减运算也都会。因此，母亲以为低年级有了这样的学力已经足够应付了。

第三个原因，过多地提供了高价的玩具。C生一直玩价格昂贵的塑料模型，自己动手制作经验近乎空白。

几天之后，C生的双亲说，希望对C生施以治疗。于是，我对C生的日常生活作下述的建议：每天有一个小时以上的时间同左邻右舍的孩子玩；每周一次去外婆家减为每月一次，以加深亲子之间的交流；每天记学习日记；玩具不必买高档的，可以给他一些纸、剪子、尺子、浆糊之类的东西，让他体验自由制作的乐趣，这种自由制作，开始时同双亲一道做，以便家长能从旁指点。

作为一个母亲该采取什么态度，我也作了如下建议：每天翻阅一下

C 生的学习日记，给予鼓励，并使之体会写日记的喜悦。让他做些家务，这样，使之实际体验重量与长度，创造学习的机会。然后，母亲同 C 生一道，每天制作十张规格一样的卡片，并在卡片上写下当天在学校里学习的算术单位和汉字之类，这样使 C 生领会记忆的必要性。

不仅如此，我还对其父亲作出忠告，要求他每月有两个星期天同 C 生一道作自行车旅游或是打棒球，在游玩之中，指导 C 生领会自行车走过的距离、所费的时间、球抛出的距离等等，进而向 C 生讲述自身学习生活的甘苦以及人的一生中学习经验的意义。

此后一个多月过去了，我再次同 C 生及其双亲面谈，情况发生了令人惊异的变化。C 生晒黑了，显得更健壮了。表情更加明朗，洋溢着蓬勃的朝气。母亲也改变了原先那种傲慢的神气，自然地流露出作为一个母亲的沉着和慈祥。而父亲也谦逊地低下了头说："这次学到了不少东西。"

自那时以来，我每月一次同母子面谈。到了第六次时，无需我再作什么建议了。C 生对算术有了兴趣。当然，学校里的测验成绩也在逐步提高。

像这样学历程度极高的双亲，因过分相信子女的能力而放任自流，造成学业不良的情形，一般说来，双亲是不会反思自己的教养态度的，而且，片面指责子女的居多，这种双亲，多迷醉于家庭教师、私塾、练习本。

这个案例说明，双亲对教育的盲目性将会给子女带来恶劣的影响。

不理解儿童性格导致的教子失败

在学童期尚未形成鲜明的性格特征，但已经表现出某种程度的性格倾向。也就是，在日常生活中已经酿成了"这个"儿童特有的氛围，这种性格倾向每日每时受到来自双亲的影响，也受到生活环境的影响，或改善之，或强化之，最终积淀为学生的性格。

学生的性格倾向比较容易得到反映的是学习方式。例如，一些孩子适于边游戏边学习，另一些孩子对不感兴趣的事物全然不关心。再有一些孩子则在自身的种种体验活动中学习。这些差异起因于性格倾向的差别。于是，存在着各种类型的儿童。不理解这一点，就不能指望教学的成功。

这里试举G生为例。这是母亲不了解孩子的性格倾向，从而导致孩子语文阅读和作文失败的例子。

【诊断】

G生，男，私立小学四年级生。语文成绩太差，母亲担心了，带来咨询。母亲说："这个孩子，作文和阅读能力差。但班主任尤其注重语文。因此，这个孩子害怕上语文课。除语文外，没有别的什么问题……"

从这一天开始，我多次接触他们母子，基本情况是这样的。

G生比同龄儿童更健壮。身材高大，肌肉结实，显得虎虎有生气。体格检查也证明这一点。WISC智力测验的结果表明，智力发展良好，语言性、动作性智力发展均衡。他表情开朗，情绪安定。这样的孩子怎会学业不良？我开始时感到茫然失措。于是作进一步面谈，以探明原因。

"你喜欢运动吗？"

"嗯，喜欢体育运动。"

"劳作呢？"

"劳作也非常喜欢。"

"为什么不喜欢读书？"

"读书，也是喜欢的，不过只限于我喜爱的书。"

我不再追问下去了。给人的直觉是G生的语文能力显然是不差的。我心里在嘀咕："这个孩子的语文原本并不差，也许是家长和教师处理不当而被扭曲了。"

这样，在我心中激起了G生定能治好的自信与勇气。同精神饱满的G生适成对照的是，他的母亲每当面谈时总显出局促不安的神情。她向我絮絮叨叨地诉说自己的孩子语文成绩何等糟糕。

我决定理出治疗的头绪，了解G生从婴儿期至今的生活行为。为此向他母亲提出了下述12个问题，让她作是或否的回答。

"从婴儿期早期开始，抱他时，是不是不乖？"

“乘车子时，是否手脚不停地动?”
“边玩边吃的情形多不多?”
“白天动作不停，是否晚上躺下来不能马上就能入睡?”
“是否对任何新鲜事物都感兴趣?”
“理解力不错，但语言发展是否略迟?”
“是否喜欢帮做家务，喜欢运动?”
“是否喜欢玩拆拆装装的玩具游戏?”
“是否喜欢自己运动甚于看电视中的体育节目?”
“是否喜欢听讲甚于阅读书本?”
“是否喜爱照料小动物，爱护花草?”
“婴儿期后半期以后，是否活泼好动?”

母亲的回答全是肯定的。G生生来便是活泼好动的孩子。

总之：G生从婴儿期后半期开始一直是精力充沛的，成人却把他视为“危险的婴孩”，随时随地加以监视。稍微淘气一点，便“不行，不准”地规劝不休。到了幼儿期，常常是边听母亲或祖母讲故事边入睡的。

G生进入小学后，双亲一心想把他培养成安静老实的孩子。让他学弹钢琴，学书法。不仅如此，到了四年级，半强制性地要他每天有40分钟的时间同母亲一起读书。

他的母亲滔滔不绝地一口气诉说了上述的情形，我默默地随声附和。说到最后，母亲似乎发觉了自己以往的过错，反思道：“我是考虑到这个孩子的特点才做的。难道我们的教育方法错了?”

像G生这种性格的儿童，在旁人看来是活泼可爱的，可放心的。然而在家人眼里，他却是毛手毛脚的冒失鬼，令人担心的，因而用了错误的方式施教。如果这样下去，儿童的能力不能充分发挥，会导致人生遭遇不佳。这种例子世间并不罕见。

【治疗】

正是从这一点出发，我开始了对G生的治疗。第一步，我三次同其双亲面谈，讨论G生的性格倾向。强调认识G生的本来面貌乃是治疗的根本。幸好，双亲对以往的做法作了深刻的反思，答应协助治疗。G生从幼儿早期开始，便是在对运动的需求不满中生活、成长的。因此，丧失了身心之间的平衡。其结果是，未发展起同其年龄相应的集中力和兴趣，这种发展不均衡导致 G 生陷入学业不良状态。

综合改变这种儿童的个性与发展阶段，对 G 生采取如下的治疗方针。

首先，中止一切妨碍 G 生活动的训练作业。然后，课外阅读书籍的选择不再由母亲包办代替，而听凭 G 生自行选择。学习日记也不拘一格，可自由书写，旨在培养自发地书写的习惯。G 生本人必须每周一次来咨询所，接受阅读和作文的学习指导。

治疗教育的方法是分 4 期。

第一期（第 1 ~4 次），在这期间，不给 G 生书本，让他专听故事，使之体会听故事的乐趣。

第二期（第 5 ~8 次），这是最重要的时期。治疗者先讲故事，然后让 G 生口头复述故事情节。写作阶段给予鼓励和帮助。

第三期（第 9 ~12 次），开始采用教科书为资料，以明确学习的目的为重点。例如，学习诗歌时，以足够的时间充分讨论从诗中学到了什么。如果是故事，则尽可能避免形式化的分段和语句的诠释，而代之以用词句或绘画表达阅读课文所得的感想或联想。此外，还采取由 G 生讲述、咨询员当学生的办法，使之增强对语文学习的自信。

第四期（第 13 ~16 次），这是治疗的收尾阶段，是使 G 生体会造句的乐趣的时期。

家长的过高期望导致英才教育的失败

儿童到了一定的年龄阶段，想识字，或者用铅笔画图，画三角形、人的脸庞。例如：儿童 5 岁时，会主动显示出对拼音识字的兴趣，或者画些人头什么的。但不管怎样，周围的成人倘若不提供纸、铅笔或是蜡笔，让他观看大人画好的样子，他是不能进行模仿学习的。然而，相反的情形也需要注意，那就是，当儿童表现出这种积极性的时候，成人一味想让他说得更好、画得更好。这对于儿童来说，是一种沉重的负担，反而会挫伤他学习的积极性，甚至对学习持抗拒态度。

这里介绍的D生，男，小学四年级学生，便是由于母亲的强制性灌输从而导致算术学业不良的案例。

D生的母亲在教育杂志上读了我的文章，打来电话提出要求："我家的孩子，身体容易疲劳，精力也不能集中。无论如何请您给D男作一次体格检查。"这样，D生在双亲的陪同下来到了医院。检查结果表明，D生体格强壮，没有医学上的问题。然而，他表情沮丧，精神萎靡。于是，又给他作了小儿科检查，也作了血液、尿、心电图、胸部X射线透视等检查。不出所料，也未发现异常。我对双亲说："原因不在医学方面，似乎在心理方面。"

双亲尤其是母亲的脸色唰地苍白起来，但很快又恢复过来，开口道出了来意："这样下去，这个孩子的算术不行了。请给予关照。"父亲则缄默不语，低下了头。我痛切地感到，子女的学业不良是纠缠许多家庭的问题。

"明白了。我试试看。不过，也许不中听，我得提一个条件。"

"什么条件?"

"在治疗开始之前，不要对D生作关于学习的指示和建议。让他好好地玩。母亲每周一次来跟我会会，详尽地报告有关D男的情况"。

"好的。"

就这样，我同D生的母亲多次会面。在交谈中渐渐理出了一点头绪。

D生的双亲是黯熟人情世故、和蔼可亲的人。在独生子女的教育问题上却变成了另一种人。他们对孩子的教育显得急躁、严厉。尤其是母亲，这种倾向更甚，这是由于他们对D生抱有过高的期望。原来D生的父亲不是大学出身，母亲怀有强烈的自卑感，急切地把期望寄托在D生的教育上。D生3岁时，母亲就已经打定了主意，决心让D生从小学开始就读名牌学校，以便有朝一日出人头地。

D生4岁时入英才教育塾，开始接受每周三次的辅导，不仅如此，每天有2小时，双亲尤其是母亲时刻不离左右进行灌输教育，让D生画圆、三角形、正方形，做迷津问题。因为国立的附属小学的入学考试常常出这类考题。

五六岁时随着升学考试的临近，母亲的应试准备教育越来越过热了，让D生接受各种模拟考试。成绩好时，买高价玩具给他玩，成绩坏时，则打屁股，并教训道："这么简单的问题怎么不会做？懒鬼！"把三角形和正方形画得更好些，妈妈同你一起做。"然而，D生在升学考试中落榜了。

我与母亲作了交谈。

"那时，你责骂他画的图形'蹩脚''差劲'吗？"

"是的，骂得厉害，提醒他注意。丈夫也从旁小声帮腔。"

"D生在挨骂时态度怎样？有没有干脆不画了，或是抗拒？"

"他体格壮实，然而态度和气，所以，以悲戚的表情接受我们训斥。然后，反反复复地画。不过，这样做也许不妥当。"

母亲显出难堪的表情。从母亲的这番话中我明白了D生为什么数学成绩差。

在日本有不少像D生这样的孩子。对双亲尤其是母亲唯命是从，不敢越雷池一步。这种孩子，被视为听话的好孩子。不过，长大以后，多数会表现出某种障碍。

D生便是一例。他一看到图形，便会同过去恼人的印象结合起来。进而，会在无意识中强烈地拒绝同图形学习相关的算术学习。我确信D生的学业不良就是这样造成的。

对像D生那样智商高但情绪有问题而导致学业不良的情形，起初的处置方式极端重要。首先，在一定期间内停止一切学习辅导，让他尽情地同伙伴游戏。不过，切忌以提心吊胆的显得毫无自信的态度去接触孩子。一旦有这种胡涂的举止，孩子反而会认为自己被双亲看扁了，可能会导致预料不到的失败。

在治疗之前，我告诉D生的双亲要注意这一点。建议他们在日常生活方面要一如既往，不要突然改变态度。同时强调，要时时向D生暗示双亲始终抱着信赖的态度。这乃是家庭教育的上策。

治疗就这样开始了。方法仍然是每周一次同D生作面谈治疗。

第一期（第1~12次），D生是由于情绪障碍导致学业不良的，对这种儿童，在早期阶段必须实施心理疗法。因此，每次花50分钟让D生摆弄他喜爱的玩具，施以心理疗法。

第二期（第13~20次），以游戏疗法为中心的学前治疗结束时，D生主动提出了要求："讲点什么有趣的故事，好吗？"出于对这种信赖感的珍视，咨询员听从了D生的要求。于是给他讲了个引人入胜的侦探故事。以后，有意识地讲了下村湖人著的《次郎物语》的故事梗概。D生对听讲故事非常感兴趣，以至没感到这是在学习。

第三期（第21 ~28次），D生在治疗开始后，各门学科成绩暂时有些下降，但是，我不断地向他暗示："你是优秀的小学生。"慢慢地，终于转入了弥补算术基础学力不足的辅导。开头是三年级的课程。按照数与计算、数量关系、量与测量、图形的顺序教授。D生理解力极强，只经过三次辅导，便掌握了三年级的课程内容。接着以同样的方式教四年级算术。我明白，D生渐渐地对算术感兴趣了。学校的算术成绩也提高了。对于感到厌烦的图形，D生也能积极对待了。

这个好结果使得D生改善了同双亲尤其是母亲的关系。D生自身也增强了体力，增添了自信。

把善于辞令误以为智力优异的教子失败

有的学生在幼儿早期语言发展良好，于是周围的成人坚信，这么善于辞令者肯定是智力优异者。由于这种误信，抚育方式与教导方式被扭曲，最终导致学业不良的例子是屡见不鲜的。小学五年级的J女便是一例。她的双亲带着她来到我家，还带着我朋友的介绍信。作为J女家庭医生的我的朋友，在介绍信中列述了J女的学力问题，并根据教师的评鉴列举了这么几个问题：（1）概念掌握薄弱；（2）在课堂教学中发言踊跃，但缺乏适当的表达能力；（3）社会性发展良好，有人缘，但缺乏主见；（4）算术应用题和理科成绩差。

据双亲说，上述倾向在五年级以后更加突出。虽说请了家庭教师，但效果不佳。我对他们说："像你们孩子的情形，需要作医学检查和详尽的问诊。能否改日去医院找大夫诊断一下？"我把他们打发走了。尽管如此，他们还是给我留下了强烈的印象。双亲在我面前显得硬梆梆的。而当事者的J女，却眺望四周，悠然自得，毫无紧张感。这个孩子是在怎样一种环境中长大的呢？——我陷入了沉思。J女在辞别时，眼睛滴溜滴溜地转，讨人喜欢地向我道别。

不久，J女去医院作了检查。根据体格检查和学业不良症候调查，身体没有问题，J女发育良好，体力也强。但生活和学习方面有不少问题。

此后我时时同她的双亲会晤，逐渐了解到有关J女的种种事实。J女的家庭是当今不多见的大家庭，由双亲、弟弟、祖父母、1位叔父和2位叔母构成。在这个大家族中，J女是头生的孙女，成为家中的掌上明珠，母亲胸襟开阔，对J女受到娇惯也并不介意，不如说是同大家一道，玩赏着J女。她身体发育良好，语言发展优异。2岁时就能说出双语句了。加上周围的刺激，话说得越发流利。“嘿，多聪明的孩子！”周围的成人信口胡言。J女要是说了点什么，大家便大肆赞扬。这样，J女自然更加多嘴多舌、能言善辩了。

J女作为大家庭中的“小太阳”，进入小学后已经能够同叔父、叔母平等对话了。有时还同祖母一道参与街谈巷议。双亲开始感到J女有点问题，不过学校的教师也泰然处之。然而，到了三年级时，新任的班主任在家长会上说：

“小J上课时发言踊跃，滔滔不绝，但作文总是不好。尤其是写有关花、植物、虫的观察和教育电视节目的学习方面的文章，更显得不可思议的幼稚。在班会上也能活跃地发言，但让她主持会议，总显得无法驾驭。”

J女上五年级时，双亲受到更严重的冲击。新任班主任告诉他们：“在学年的集体智力测验中，J女属中上。同语言发展相比较，智商略低，不知是怎么回事。理科的实验和观察的技能极差。算术应用题解题能力也极差。真是个不可思议的孩子！”

双亲轮流向我说了上面一番话。我很清楚，他们在反省自己的教育方式。我想获得更多的信息，了解祖母同J女的关系状态，同时发现新的事实。

J女在3岁前后从不外游，每天总是同祖母一道，在家里看看画本，插插花。祖母是茶道的先生，J女跟在祖母身旁，混在学茶道的弟子们中间，模仿着茶道的动作。“您的孙女真乖，彬彬有礼，聪明过人。”祖母非常得意弟子们对孙女的夸奖。J女就是在成人的一片赞扬声中成长起来的。

听罢介绍，我想，J 女是缺乏跟同龄伙伴一道游戏或交谈的经验。她是在祖母及其弟子们中间，在鹦鹉学舌中成长起来的。J 女目前的状态，在某种意义上可以说是势所必然的。

在着手治疗之前，我对 J 女实施 WISC 智力测验，以了解其智力特征。结果表明，语言性测验 118，动作性测验 113，整个测验的智商为 118，智力没有问题。不过，同时实施的五年级生用的学力测验，理科、算术极差。

J 女未形成思考的习惯，思维能力薄弱。凭我的经验，这种类型的儿童，不过是往耳朵里灌注些语词罢了，并无真正的认识。要矫治 J 女这种处于异常环境中成长的儿童是困难重重的。仅仅有双亲的合作还不能解决问题。于是，我与她的祖母、双亲和家庭教师一起讨论治疗 J 女学业不良的对策。

关于给 J 女的视觉刺激，经与家庭教师商议，主要参考学校教学大纲，选用并将刺激用语和图形写、画在卡片上。

作为文字刺激的术语，算术术语采用和与差、积与商、四舍五入、以上、以下、不足、等号与不等号、偶数、奇数、约数、倍数、集合、十进法、时速、分速、秒速、面积、体积、百分率、比例等等；理科方面的术语采用地面、植物、动物、天体、气象、海、河、岩石、天平、光、热、电池、电气、磁石等等。

作为图形刺激，有关算术的图形有三角形、长方形、四角形、多角形、平行四边形、圆柱形、四角锥等；理科方面的图形则选用花瓣、切开的半个苹果、昆虫、鱼类、星座等。

刺激卡片的使用方法是，先让 J 女看一张卡片，然后让她轻轻闭目，作腹式呼吸。尔后，继续闭目，指导者与 J 女交谈。看文字刺激语“和与差”的卡片时，说：“和是加法运算的答案，那么，所谓‘差’呢？说说看，想到什么讲什么。”在图形刺激的场合，说：“你看到了地面图。说说同地面有关系的事物，什么都可以谈。”

类推和联想要花费时间，可让 J 女回答。幸运的是，家庭教师按照我们要求做了。经过 6 个月训练。J 女的思考能力的发展已经同其年龄阶段相适应了，理科的观察和算术应用题方面也显示了一定的进步。

类似 J 女的案例很多。这是源于心理因素造成的学业不良，在矫治上需要花费一番气力。

四岁的杀人犯

这是一个真实的故事。

有一个住房宽裕、收入很好的家庭，生下了一个聪明活泼的女孩。女儿2岁了，聪明伶俐的孩子已经能奶声奶气地喊："妈妈是个'老狗熊'!"父母对孩子百依百顺。孩子长到了4岁，更加无法无天了，这才引起当干部的爸爸、当教师的妈妈的注意，觉得长此下去，惯坏了脾气到大了就麻烦了。从此父亲一改常态，嬉笑的面孔没有了，动不动就抡胳膊打。有一天孩子要跟妈妈去买菜，妈妈再三劝说，孩子才被说服，可是爸爸将她拖过来就打，还拿出老鼠药装着往孩子嘴里塞。从此夫妻两人经常当着孩子的面争论孩子的是非和教育方式。一天早晨，妻子盛了两碗粥放在桌上，然后就去买菜了，孩子一个人在屋里，看着粥，一想到老鼠药能吓唬人，就慌忙找出老鼠药撒在爸爸的碗里，自己把另一碗喝了。在门口刚给自行车打完气的爸爸进屋来，揭开锅一看粥不多了，就没吃粥带孩子上幼儿园去。半路上，孩子看着爸爸的脸惊奇地说："我把老鼠药放在你碗里，你吃了也没事，以后我可不怕你了。"一听这话，他丢下孩子，驱车如飞，推开家门，只见妻子直挺挺躺在地上……这个奇特的人间悲剧，有许多偶然的因素，而事件的本身给人的教训却是多方面的，其中包括怎样认识儿童心理发展的特点、双亲教育态度的一致性、和教育的榜样模仿作用等方面的问题，下面仅仅讨论一下父母教育的问题。

首先，这个悲剧是孩子为所欲为、无法无天行为的结果　儿童不是懂了道理才学会怎么做的，而是靠训练来学得各种行为习惯的。而这种训练在什么时候效果最佳呢？心理学研究表明：越早越好，至迟不能迟于3岁儿童"第一反抗期"之后。而现状是，无数的家长把抱在怀里的孩子当成会说话的玩具，教孩子打妈妈，打自己，教孩子骂人，他们还认为这是发展儿童的语言能力，认为孩子聪明好玩。年轻人有了孩子，是无限喜悦、高兴的，但如果不懂婴儿期是行为训练的关键期，孩子一旦形成了坏习惯，可能是终生都难改的。无法无天的习惯形成得越早，破坏性越大，使孩子觉得一切都是儿戏，一切都不是不能要、不能做的。这个悲剧就是在这种心理诱惑下孕育出来的苦果。

第二是父母的行为有过失 对于儿童来说，一切行为都在模仿。常言道：孩子是父母的影子。好打人的爸爸教出好打人的孩子，妈妈欢喜打扮、照镜子，女儿也差不多，这是常理。4 岁凶手的爸爸拿耗子药吓唬孩子的时候，孩子正用童稚的心理角度思索："这个'东西'可以制服人，没有力气打不过爸爸，但用它可以制服爸爸。"风起青萍之末，悲剧就于此发端。

教孩子骂自己"老狗熊"的妈妈，死在黄泉之下如果有灵，会追悔未听那句古谚的劝教——"一岁打娘娘在笑，大了打娘娘上吊。"区别仅在于，这种家教的恶果来得更早，更猛烈而已。

自信心应从儿时抓起

我的孩子在幼儿园和小学一年级时，发音、说话都很准确、流畅。上小学二年级后，有一次同班一位同学对他说，"××你说的是什么呀，我听不懂"，另外一位同学也对他说，"你怎么这么说话，让人觉得可笑"。从此以后，孩子便开始注意发音，有时会站在几个交谈的同学跟前听人发音，同时变得在人前不太敢说话。这期间我们也注意到孩子说话发音出现不准确，并很在意，有时很严肃地要求他，"再说一次""别着急，慢慢说"。可是，越是这样要求，他就越发紧张，如今已发展到整天很难听到他说一句完整的话。您说，应该怎么办？

这是一个非常敏感而且又极易受他人暗示的儿童，一旦这种体验得到他人以至成人的强化，他会丧失自信心，产生害怕的感觉，如果听任这种情形继续下去，害怕逐渐加重就可能变成真正的恐惧症。

问题已经发生了，我们要做的是如何帮助孩子重新恢复自信，帮助家长解除烦恼。为此，我们为家长提供了以下几点意见：

第一、期望要合理，欲速则不达

要提出期望，但一定要合情合理，不要指望一个 3 岁的孩子能够“干”站在那里耐心地和你在“肯德基”店排上半个小时的队，也不要想象 2 岁的孩子能够规规矩矩坐在那里听一场讲座。不要将孩子短时间解决不了或不能容忍的事情强加给他，而是事先做个安排，从一点一滴入手。

具体做法是：

①花一些时间教你的孩子学习在新场合中同陌生人讲话。你们一起表演同生人见面、谈话的情境，让孩子在表演中练习向人问候，并同他讨论这时他可以说些什么。

②鼓励进步。父母们往往不愿意表扬孩子，认为这样会滋长孩子的骄傲情绪，但是对这类孩子，家长应该注意发现孩子的优点并表扬他们，告诉孩子你们希望他能同客人讲话，并告诉孩子即使他不想同客人讲话，也必须向客人问好并通报客人的到来。这样在日常生活中逐渐培养孩子的自信心。

第二、潜移默化，自然适应

使孩子在无意识当中逐渐恢复自信，根据孩子的年龄特点，可讲故事给孩子听。讲完故事后，开始先跟孩子一同回忆故事中的情节，然后鼓励孩子说：“我将其中某段情节忘了，你帮我讲一讲。”孩子复述之中一定要及时表扬，用诸如“聪明”“讲得动听”之类的话语进行鼓励。

另外，家长在做饭或忙于活计时，可有意识地让孩子去商店买一些他力所能及买到的东西，回来之后再询问一些问题，这样做使孩子完全在无意识中慢慢树立自信，时间长了，孩子的自卑感便消除了。

第三，情境表演，改变角色

利用游戏，让孩子充当游戏中的一个角色，事先将情境设计好，并分别安排好其中每个人充当的角色，规定好每人应该说的台词：如果觉得角色太少，可以找一两个平时跟自己孩子关系比较密切的伙伴或同学分别扮演不同角色。当然，如果能得到学校尤其是班主任老师的帮助，效果将会更好。如适当安排他在班级中承担一定的角色：例如小组长、课代表等将会有益于他尽早地摆脱掉自卑感。

总之，儿童的早期经验对其以后发展——无论是生理的，还是心理的，以及社会性都有着深刻的影响。因此，家长与教师应该注意对儿童积极自我的强化。

一般性多动行为≠“多动症”

爱动的孩子就是“多动症”吗？——许多家长和老师不明白，怎么现在的孩子患“多动症”的那么多？殊不知，被诊断为“多动症”的孩子有不少是被冤枉的，因为儿科临床的诊断标准与心理治疗中的诊断标准略有区别，儿童的学习行为障碍与“多动症”容易混淆，稍不留意就可能造成“多动症”扩大化的诊断。所以，随着医学模式的转变，儿科医生也不妨学点儿童心理学知识，因为人的各种行为都是受到心理活动支配的。如果能够找到孩子多动行为的心理原因，就可以使许多爱动而学习困难的孩子摆脱困境。

小扬就是一个被医生诊断为“多动症”的四年级的学生，他在学习中注意力容易分散，做什么都没有常性；上课时，他经常玩小刀、尺子、活动铅笔，有时用笔尖戳课本，有时又撕纸玩，尤其与众不同的是，上课时他也会突然站起来，有时还会钻到课桌下面去，有时却又坐到桌上去……自从有了“多动症”这顶“帽子”，小扬似乎有了“保护伞”。老师倒是不再追着他交作业了，上课也不提问他，考试成绩不好也不找家长了。可是同学们也疏远了他，甚至像看“怪物”一样，用异样的目光注视着他，甚至没有人愿意主动与他玩和说话。小扬觉得自己成了“被遗忘的角落”，他越来越不愿意去上学，他上课时更坐不住了，他似乎什么也听不进去；他拒绝吃治疗“多动症”的药物。他天天在想：“我怎么了？为什么老师、同学都不喜欢我？为什么我管不住自己？”——他把自己的想法告诉了爸爸。

有一个星期天，爸爸带小扬来到了一家少年宫。有一位年轻的阿姨请小扬随便画一张画，又向他和爸爸提出许多问题，然后，就带小扬来到一个很大的房间。这里有许多跟他差不多大的小朋友在玩各种玩具，有的拍着大皮球，有的戴着一双很大的皮手套在打一个鼓鼓的充气橡皮袋，有的在跳绳，有的在玩一些拼图的智力玩具，还有的在一张纸上画着什么……小扬真想加入他们的行列，因为他学习较差，父母很少在休息日带他出去玩，每个休息日他都背书和做大量的数学题，那是他感到“最可怕”的日子，今天爸爸怎么开窍了？原来，这是位于北京新街口的“华理心理咨询中心”，这里开展的“儿童感觉统合训练”，专门对学习困难的儿童进行心理行为的系统训练。这种台湾的心理训练技术，旨在通过儿童喜闻乐见的游戏和运动方式，调整儿童的大脑对外界的反映和自我协调能力。这既有益于培养儿童的活动兴趣，又可锻炼儿童的注意力和意志品质，努力挖掘孩子自身的学习潜力，发挥其主观能动性，从而增强儿童的自信心。经过十几次训练，小扬有了明显的进步，甚至在期中考试中各门课程都及格了，老师和家长都感到惊奇。通过两个疗程的训练，小扬在学习上彻底“翻身”，而且还在学校的一次数学竞赛中得了三等奖。他简直变了一个人。

所谓“儿童多动症”，一般称之为“轻微脑功能失调”，多与儿童母亲妊娠期异常、早产，分娩时窒息、产伤等原因有密切关系，往往可追溯到轻微脑损伤病史或脑功能异常的证据，如脑电图的异常，但至今并未能获得病理解剖的支持。而像小扬这样的孩子，并不是多动症，只是属于一般性的多动行为。因为，小扬在课堂上受到老师表扬和积极暗示时，能够有所收敛，而真正的多动症是在任何情况下也难于改变的。小扬在做自已感兴趣的事情时，也能够很专注，例如看电视中的动画片，下象棋，或是看某些课外书，他可以坐一个小时以上，说明他并无注意力障碍，只是对学习无兴趣，才出现多动行为。小扬在上学之前，一直与奶奶生活在一起，奶奶很喜欢他，但因没文化，不知如何教育孩子，所以小扬从小养成了无目的乱动的习惯。

在对小扬进行“儿童感觉统一训练”的同时，心理专家对小扬的教师和家长提出了三点要求：

①家长和教师不能因为孩子太好动而对他嫌弃，或是感到心烦、厌倦，而应对他关心、体谅，不使他造成自卑心理和精神压力。

②要从培养良好习惯和学习兴趣入手，耐心矫正孩子的多动行为，在训练和矫正中坚持正面鼓励和积极强化，他就会逐步形成有明确动机

的行为习惯，从而减少盲目的多动。

③家长与学校相互配合，制订一致的步骤和统一的方法与目标，使孩子逐步改变不合群的状况，树立自信心，则可增强孩子的自我意识和自控能力，形成一个新的自我形象。

④在饮食上注意调整，也有益于减少孩子的多动行为。例如，不要给孩子吃胡椒、辣椒等刺激性强的调味品，少吃桔子、西红柿等酸性食品，注意观察一下，什么样的饮食有助于孩子心态的平和，使其能够相对较安定。

所以，应注意区分儿童一般性多动行为与“多动症”，这二者是有本质区别的。一般性多动行为可以随着儿童的心理发展和科学教育的积极影响而逐渐改善，但“多动症”儿童则必须接受心理治疗和药物治疗才可能好转。

社会适应性要早培养

在我们面前站着一位小学五年级的男孩，由于父亲“下海”整天在外忙于挣钱，很少有时间教育孩子，孩子的学习、生活、教育完全由其母亲一人承担。给我们的感觉，母亲对孩子可谓尽职尽责，吃喝拉撒睡没有不管的，一旦发现孩子哪件事做得不好就大声叮嘱，无论其母怎样对他发脾气，孩子照样不离其左右。孩子倒非常老实，很腼腆，放学便回到家中，很少到外面跟其他小朋友一起玩。当我们跟他打招呼时，他都不好意思看我们一眼，没有任何言语反馈。孩子的母亲告诉我们，即使他们家来客人，如果不是家长让他跟客人打招呼，他是从来不主动叫客人的。尽管这样也不能因此说孩子不懂礼貌。

据孩子母亲介绍，有一天早晨孩子又被他母亲训斥一顿，原来是早晨孩子临上学时，母亲检查书包时发现他又忘带语文书了。这项工作原来都由孩子的母亲在前一天晚上替孩子准备好，孩子已成为习惯，如果母亲稍有疏忽，孩子肯定在学校被老师批评。另外还有一次，孩子中午放学回到家后，不知为什么跟他母亲发脾气，后来才知道是他的算术作业本没有放到书包里。实际上，孩子的母亲有时对孩子的行为也表现出焦虑，常常指着孩子说，你可怎么办呢！我们告诉家长，这是儿童社会能力适应差的初期表现。而我们的一些家长往往在培养教育孩子过程中忽视了这一重要因素，认为以后大一点就好了。

孩子的行为、能力是后天训练、学习而得到的。而小学阶段又是儿童社会适应能力形成的关键阶段，在这一阶段家长的生活态度、教养方式时刻在塑造着自己的后代。上述这位小男孩的母亲的教育方式方法实际上正阻碍着小男孩的社会化发展进程，她的这种作法实际上是不自觉的，或无意识地剥夺着孩子的自主行为，延缓孩子真实自我的发展。其后果是，孩子的人际交往困难，对问题很难形成自己的独立见解，对事物的判断缺乏自信心，并伴有比较强的依赖心理。如果我们将其称为温和型的社会不适应儿童，那么与其相对应的还有霸道型的社会不适应儿童。这类儿童的社会不适应是由于父母的过分溺爱造成的。无论是哪一种类型的儿童其发展下去都将是危险的。

另外还有一种比较典型的社会不适应儿童可称其为摇摆型，这类儿童在社会上也是比较常见的。这类儿童的社会不适应性主要是由于父母对其要求摇摆不定造成的。学龄期的儿童，其认识能力、思维能力、判断能力正处于发展时期，具有较大的不确定性，如果父母对孩子的教养态度不确定，就非常容易造成他们思维上的混乱，因而影响他们的认识能力和判断能力的准确性，出现矛盾状态。在儿童时期最明显的特征是不能自觉地遵守纪律。因此，家长、教师的态度和教育方法、要求一定要一贯始终。

我们通过对三种类型社会不适应儿童的成因分析，以确定我们的指导方法，大致采取4种方式：

第一、对儿童的控制要游刃有余，对儿童的教育指导从单一性到双边性。温和型的儿童由于依赖性过强，马上失去控制儿童将无所适从。应该先从生活起居入手，如果以前早起是由父母叫醒，现在可以为他配备闹表。每天晚上临睡觉前跟他一起（当然让他独立去做，家长监督）检查第二天上课要带的必需品。让孩子分担一些家务事，如洗小件的东西，简单打扫房间，或让他去附近商店购买一些小商品，这对他自主性的形成非常有益。

第二、对待任性、霸道儿童的行为要加以控制。要从父母的态度上和行动上让他懂得什么样的行为是父母期待的，什么样的行为是父母反对的，当然这必须借助奖励和惩罚方式去完成。此外对于有些儿童可以先跟他讲明道理，如果他不接受，这时你便不要搭理他，并尽可能多地限制他感兴趣的活动，直到他出现对不良行为开始认识，并在行动上有所改变时，家长应马上给予表扬或奖励，但是一定不要让孩子感到这份荣誉来得太容易。

第四、为孩子创造一个温暖和谐充满感情的家庭环境。这样会使孩子感到生活的真诚与美好，使他将在这一环境里获得的美好感情，通过在人际交往过程中再真诚地表现给他人，奉献给社会。这是儿童健康人格形成必不可少的条件。

第五、对儿童的要求应该科学合理始终如一。

但是，如果你认为孩子的社会不适应性程度已经比较严重，那么你千万不要忘记请教心理学专业工作者，这是解决问题的最佳途径。

为什么把小花猫吊死？

傍晚时的新村很宁静，只有孩子们放学带来的笑声传达着愉快的气氛。可在一棵大树下，有两个小学生正在摆弄一只小花猫，不一会工夫小猫已被折磨得奄奄一息了。接着一个小学生用书包带将小猫吊在树上，用枝条向猫的嘴巴里捅，不多一会可怜的小猫就死了。这真是一幕惨剧！这些孩子摧残小动物的心理动因究竟是什么呢？

据说，美国社会上下都十分重视保护动物，当然包括小动物，这不仅成为风气，也成为人们的习惯，小学里还建立各种各样保护小动物的组织。到了鸟类哺化季节，成群结队的孩子到郊外林区挂上许许多多鸟类生育箱，箱的外面还醒目地写上“爱护小鸟，它是人类的朋友”！这类的字。爱护保护小动物是人傅爱仁慈的表现。在古代，中国尚有“闻其声，不忍食其牛”的君主，我们有责任培养孩子仁慈、博爱的品质。

那么为什么有些地区的儿童要摧残、折磨小动物？

一些人类学家认为，残忍、攻击是人类的本能冲动，并以此为根据来解释儿童小到弄死蚂蚁大到搞死小狗小猫的行为。这种见解在某种意义上的确解释了用原子弹和化学武器互相残杀的人类行为。但也有许多学者不同意这种观点，认为从儿童到成人的残忍行为是环境造成的。教育家卢梭提出“高尚野蛮人”的概念：人就其天性是宽厚、快乐、善良的动物，不自由的社会使人变得冷酷无情。卢梭是位教育家，他讲的不自由社会，当然包括“不自由”的家庭这个社会小环境和社会大环境两个方面。

一般地说，凡是爱残害小动物的孩子，往往有一个不民主的专横的家庭环境。有这么一桩趣事，丈夫脾气暴躁出门前妻子责骂了一通，中午孩子回来妻子又寻衅把孩子打了一通，到晚上孩子把家中的小猫咪打得惨叫不已。爸爸问他为什么打猫，他满不在乎地说：“妈妈也是这样打我。”这告诉我们，孩子的行为是模仿习得的。要克服孩子这种不良习惯，首先要使家庭有民主空气。

缺乏家庭的温暖和爱抚也容易使孩子产生这种不良行为。攻击小动物和攻击同伴一样，是一种心理承受了压力之后而做出的发泄。一个从小得不到母爱和家庭温暖的人，会仇恨一切的人，嫉妒一切人的幸福，作为小孩就会用折磨小动物来解除自己潜在的愤恨。而充满爱意的环境使儿童情绪平稳。年轻的父母亲应仔细品味其中的道理。

破坏型的家庭更容易使孩子变得冷酷无情。丈夫酗酒放荡，妻子讨厌家庭，夫妻间的矛盾冲突不断。经常在孩子面前打架斗殴更容易使孩子养成忌恨一切的性格。

电视机给人们带来了欢乐和知识信息，同时也为儿童塑造了许多坏的榜样，目前，凶案、打斗的电视片充斥电视屏幕，而孩子既缺乏鉴别力又欢喜模仿，他们中为数众多的人无疑成了受害者。

只有努力改善家庭环境，掌握良好的教育方法，并在整个社会环境中杜绝或减少残忍行为的宣传报道，才能减少少年儿童这种不良行为。就具体方法而言，这里倒可以介绍一个简单易行、经过研究认为有效的方法，那就是让孩子自己亲手饲养小动物，如小猫、小鸟等，这样可以培养孩子与这些小动物的感情，自然就更不会去伤害它们了。

模仿中的学习

芳芳和明明正在玩家庭游戏，芳芳当“妈妈”，明明当“爸爸”。明明假装从门外进来，嘴里直嚷嚷：“快一点，我饿极了。”芳芳忙上前说：“这么晚下班，饭菜早就准备好了，就等着你。”于是两个人坐下，装着吃饭的样子。突然，明明又叫嚷起来，“你怎么搞的，菜烧得一点没味道，你存心不想给我吃吗?!”芳芳愣了一下，嘟着嘴说，“我不是烧得好好的嘛，你嘴也真刁。”明明一听，立即跳起来，装着“猛”地在芳芳头上打了一下。于是芳芳真的不高兴了。“你怎么玩玩就真打人啦!”芳芳责问。“我爸爸也打妈妈的，怎么不可以打你呢?”明明不惑地回答。“可我家爸爸从来没有打过妈妈。”

如果孩子的爸爸妈妈在旁边看到这场游戏一定会忍俊发笑，孩子们学得太像了。

模仿是儿童学习行为的一个重要途径。不论是正确的行为，还是错误的行为，都可以通过模仿获得。心理学认为，模仿是儿童的天性，孩子生下来不久就能模仿。据A·N·梅尔曹夫的研究，出生才12~21天的新生儿就能模仿人的面部表情，如张嘴、伸舌。以后他观察出生不到3天、甚至仅42分钟的婴儿，便能见到这种明显的模仿。正是这种非凡的模仿本领，使一代人的行为，即使在无文字和语言的情况下也能传递下去。

人的许多行为习惯都是通过模仿获得的。如儿童喜欢吃什么，不喜欢吃什么；爱看什么样的电影和小说，不爱看什么样的电影和小说，喜欢什么样的剧种，不喜欢什么样的剧种；说话是高雅斯文，还是粗俗低级；害怕什么，不害怕什么；喜欢攻击人，还是喜欢帮助人；爱整洁打扮，还是爱邋邋遢遢、不修边幅；等等。所有这些行为不能说全由模仿获得，但模仿在其中确实起了不小的作用。心理学中有一派理论，即社会学习理论，特别强调模仿在行为获得中的作用，并赋予模仿以新的意义。

起替代作用的范型奖惩

任何模仿都须有一个可供模仿的原型或范型。对范型的行为给予奖励或惩罚可以间接地影响观察或模仿范型的儿童。如让4岁儿童观看一部电影，内容是一个男性范型用拳头和棒槌猛击一个吹塑玩偶，一面打，一面吼叫。范型做完这些动作后受到三种不同的对待。一种是给予奖赏；一种是给予惩罚；另一种是既无奖也不惩。三组儿童分别只看到其中一种对待。看完电影后将三组儿童个别地带到一个布置情景与影片中类似的房间内。研究者从单向屏中观看儿童的表现。结果发现，看到范型受惩一组的儿童，几乎没有人模仿范型的攻击行为。而另外二组的攻击性差不多。这表明，替代惩罚可以降低观察者对攻击性行为的模仿。同样，替代奖赏可以提高观察者对攻击性行为的模仿。那组无奖惩的儿童则认为此事并不坏，故而也乐意模仿。

不模仿不等于未习得

作为上述实验的继续，实验者告诉儿童，凡是模仿范型者可以获得果汁和其他奖品，结果三个组儿童的攻击行为都大大增加，三组儿童的攻击性差别已不复存在。可见，惩罚只是阻碍对新行为的操作，但并未阻碍新行为的习得。只要有范型存在就有习得范型行为的可能。由此推论，儿童看了许多暴力电视或武斗小说，即使当场并未仿效，但只要环境气候适宜就要比未受过这类电视、小说熏陶的儿童更易出现暴力行为。

积极的强化可以增强模仿

当儿童在模仿范型的某一行为时受到了奖励，儿童就会更加努力地专门仿效这种行为。如当女孩仿效母亲那样洗衣服、扫地、帮助照顾弟妹时受到了家里人的赞扬，女孩就会更乐意以妈妈自居，并学习女性的一些行为。许多性别行为就是这样学会的。

既然模仿是儿童获得行为的重要方式，成人就应自觉地为儿童充当行为学习的范型。当然，应该充当好的行为范型，而不是坏的行为范型。成人在孩子们面前，尤其是在小孩子面前须谨慎行事，否则，当心充当孩子们的反面角色范型。

说谎：不良家教的产物

不诚实，说谎，一般被认为是品德问题。是最令人反感和看不起的。但家长和教师往往并未注意到。大多数孩子出现说谎行为，也有家庭或学校教育上的原因，而并非孩子天生爱说谎，所以，矫正孩子说谎行为的同时，教育者必须检查和清除教育方面的种种弊病，如果只是单方面要求孩子不说谎是不现实的。

小玉是个“有名的”爱说谎的孩子，老师、同学都不喜欢她。小学时曾因此被开除了少先队队籍，中学又因考试作弊而受了处分；可她说瞎话的毛病不仅没有改变，反而越来越严重。老师、同学都说，小玉简直就不会说真话。后来经过心理咨询老师的工作，小玉讲出了下面的一段话：“我不是一个好孩子，同学恨我，老师不喜欢我，我都知道，因为我没有真话，我也想改，可不知为什么，就是改不了。记得我从懂事的时候起，就老看见爸爸，妈妈吵架，他们一吵起来很厉害，吓得我浑身哆嗦。如果爸爸跟我说了话，妈妈就会把我叫过去问：你爸刚才和你说什么了？如果妈妈和我说过话，爸爸又会把我叫过去问：你妈刚才跟你说什么了？如果我把实话说出来，他们就会大吵大闹一通，我每天都是在担惊受怕中度过的。一次妈妈跟我说：‘以后你爸再给你买东西，不许要！’爸爸问我、我如实说了。没想到，随之而来的是‘天翻地覆’的吵闹：爸爸摔了暖壶，妈妈推翻了桌子，爸爸还揪下妈妈的一绺头发，妈妈又拿鞋打爸爸几个耳光，我吓得又喊又叫。以后，他们再问我什么，我都不敢说了，就编瞎话对付他们，设想到瞎话还真灵，他们吵架少多了，于是我就用说谎来维持着这个家。老师，我真的想改，我多么想做一个大家都喜欢的诚实的孩子，可改起来为什么这么难？”

从小玉的经历可以看到，她的说谎完全是被父母有意无意地“培养”出来的。孩子需要父母的真爱，如果要得到父母的所谓“喜欢”，必须以假话来换取，也就人为地造成了促使孩子说谎的不良环境，这又怎能埋怨孩子不诚实呢？无论是为了逃避父母的打骂，还是为讨父母的欢心，若是孩子非得违背自己的良知去编谎话，这就玷污了孩子原本纯洁无瑕的心灵，导致孩子人格的不健全和严重扭曲，对说谎话习以为常了。因此，说谎的孩子常常难以改变这个坏习惯。所以，孩子说谎是不良家教的产物，孩子说谎也是父母的夫妻关系不和在孩子身上的反映。

要改变孩子说谎的毛病，必须对他们生活的不良环境真正去理解，并相信这样的孩子也是可以改变的。要帮助小玉这样的孩子矫正说谎的习惯，首先应使她明白，只有说真话才是做人之本。通过做她父母工作。调整家庭的心理环境，使小玉相信，她说真话父母再也不会打骂她了，父母也不再吵架了，这样，她才可能逐渐转变。如果她父母配合得好，小玉就完全可以扭转不健全的人格，而成为一个心理健康的中学生。儿童或青少年的说谎行为，是一种心理行为障碍的表现，其实这也是完全可以预防的。要使孩子诚实，就必须造就一种健康文化和一个温暖、宽松的心理环境 ，即形成有益于孩子健康成长的家庭文化。家庭文化是人类社会文化形态在家庭中的再创造的独特反映，家庭文化又是家庭成员文化程度、思想观念、科学文化素养和人格健康水平的集中表现。家庭教育是家庭文化的重要组成部分，家庭文化所创造的氛围，又是家庭教育的必要条件。

儿童、青少年的心理健康与父母的家教观念和方法有着十分密切的关系。美国的 H·J·柯赖齐亚和 W·M·斯塔顿所著的《小学生健康教育》一书中，特别指出学校家庭和社会等诸多因素“如此种种形成一个助长病态心理的社会环境”，因此作者提醒家长和教师，必须意识到儿童心理与成人之间的关系。所以，该书中有一段令人深思的话：

如果孩子生活在批评中．他便学会谴责。

如果孩子生活在敌视中，他便学会好斗。

如果孩子生活在恐惧中，他便会忧心忡忡。

如果孩子生活的怜悯中，他便会垂头丧气。

如果孩子生在嫉妒中，他便会心虚。

如果孩子生活在鼓励中，他便学自信。

如果孩子生活在容忍中，他便学会耐心。

如果孩子生活在赞扬中，他便学会自赏。

如果孩子生活在受欢迎的环境中，他便学会钟爱别人。

如果孩子生活在赞同中，他便学会自爱。

如果孩子生活在互相尊重中，他便学会建立目标。

如果孩子生活在平等中，他便会懂得什么是公正。

如果孩子生活在诚实中，他将懂得什么是真理。

如果孩子生活在安全中，他便学会相信自己和周围的人。

如果孩子生活在友谊中，他便会觉得他生活在一个多么美好的世界。

每一位家长和教师必须使自己成为孩子的一个积极的“影响源”。这样才能培养出心理健康的孩子。

儿童的双重行为：家长不良的教育行为所致

一天下午我们接待了带着一个小学四年级学生的母子二人。据孩子的母亲介绍，这个小男孩在某小学读四年级，学习成绩一般，也许是孩子的脑子笨（当然这是孩子母亲的主观推测），怎么教也不灵。我和他父亲也不指望他升什么大学，只求得今后能有个工作就行了。尽管这样，我们仍然希望他学好、懂事，所以平时对他管教得非常严。由于他父亲的工作单位离家比较远，经常回家很晚，管教孩子的事几乎就落在我一人身上，因为怕他学坏，所以规定放学后就让他马上回家，一个人在家里玩，有几次他也求过我，到外面玩一会，我都没有同意，以后他也就不再提了。这也让我省了不少心。

她停了一会，接着说，由于孩子学习不好，在班级中总居下游，开始老师还主动家访，后来认为实在不可救药，也就失去信心了。这怪不得老师，不瞒您说，有时连我见到他也心烦。不顺心时，也骂他几句，或打他两下，很少对他有笑脸，我觉得，这是对他好。他父亲的脾气更差，回家如果赶上他表现不好，态度比我还生硬。正因为我们的严格管教，孩子比较听话，每天放学基本都按时回家，在家里规规矩矩，跟您这么说吧，老实得就连小女孩都不如他。可有一天，孩子的班主任给我挂电话，让我去学校一趟，跟您说，尽管孩子的学习成绩不好，但我们也很少被老师叫到学校，当时我就预感到事情有些不妙。坐在班主任的办公室，听着班主任对孩子最近表现的情况汇报，简直令我感到难以置信，这怎么可能呢？

“××从这个学期开始，上课时，经常在下面搞小动作，影响邻桌同学听课，老师批评他就跟老师顶嘴，有一次为了批评教育他，延误了10分钟的教学。下课时，跟邻班一些学习差的学生在一起打闹，有好几次放学不走校门而是翻墙，被校卫队抓住。据学生讲，在放学回家的路上，总是跟住在一起的有着不良行为的学生打打闹闹，有时还欺负同班的同学，甚至抢低年级小学生的东西。”

班主任老师的情况介绍简直让我难以置信，您可以想象当时我是怎样一种心态。即使是这样，在听完班主任老师情况通报的最初几天，我还是承认不了这一事实，总以为，班主任老师似乎有些夸大其词，可能是因为孩子的学习成绩不好，怕拖累全班的后腿，所以尽可能将事情说得严重一些。尽管这样，我回到家还是问过孩子，可他什么也不肯说，气得我打了他一顿，但我从此开始留心他在外面的表现。

我们家离学校比较近，站在我们居住的16层楼上便能清楚地观察到孩子放学后的情况。

时隔几天的一个中午，我提前回到家，站在阳台上，无意中果然看到他与几个同楼居住的男孩在一起疯闹，一反在家中那种老实、文静的行为，他的行为简直判若两个人，原来在家中的表现完全是做给我看的。您说怪不怪，当他走到离家还有50多米远处，又恢复了平时那种老实、文静的样子。也就是在当天的晚上，邻居家的××见到我，说她的二年级的孩子被我的孩子欺负了。老师的话果然都得到了验证。

从此以后，我对他的管教就更加严厉了，每天都要叮嘱他几次，尽管他当时答应得很好，可是一转身就忘得一干二净，而且有着不可抑制的发展趋势，您说我究竟该怎么办呀！

听完她近一个小时的情况描述，我们认为，这是一例比较典型的双重行为，看来孩子的行为后果有些不可思议，其实问题的关键就出在其父母身上，是他们的行为、态度塑造了孩子的双重行为。

我们认为，孩子由于长期缺乏家长的爱和家庭的温暖，这种需要总是得不到满足，因而使儿童将这种不满的情绪发泄到外界，以寻求自我心理平衡。因为家长在态度上是冷漠的，近乎于无情，缺乏爱和情感的交流，结果给孩子一个定势心理，反抗不得只能被动地屈服父母，在他们面前尽可能装成懂事、听话的样子，以求得自己暂时的安宁。正是由于孩子在家庭长期受到心理和精神上的压抑，生硬的语言刺激，使他懂得了要想获得安全和安宁只能是变得听话顺从，其实，这是孩子采取的一种消极对抗心理。随着年龄增加，对外交往机会的增多，这种压抑的情绪便开始向外转移。这样，他就将这种压抑和不满发泄到课堂或同学身上，有时甚至做一些毫无目的的活动，以引起别人对他的注意，求得暂时的心理平衡。

心理学研究表明，父母对孩子态度冷漠，惩罚严厉会给孩子的心理带来比较明显的挫折感，并会影响到孩子人格的发展。

有的家长经常对孩子很凶狠，家庭里缺少抚爱和温暖。由于父母一味强调孩子的缺点，蔑视、厌恶、嘲笑、挑剔、恐吓孩子，甚至对孩子施以暴力，从而引起孩子的高度焦虑紧张。这往往造成两种行为类型的孩子：一种孩子终日脸色阴沉，特别不信任长者。对任何外来的爱抚和温存表示都表现出强烈的抗拒行为。他从不温和地正视事物，行为总是生硬而激烈的，从不参与议论并总是躲避议论。他珍视同学关系，但通常只与意气相投的伙伴友好相处。如果这类儿童受到追究或某种非常严厉的处罚，他就会变得异常不安分，往往去寻求野蛮的乐趣，比如对人进行侮辱和报复或者折磨、虐待各种动物，撕掉昆虫的足和翅，砸死小动物等。另一种类型的孩子则走向另一极端，他们表现的行为是：畏缩、怯懦、胆小、自卑、抑郁、孤僻等。

对此，我们向家长提供了矫正儿童不良行为的四点建议：

第一、家长自身要改变对待孩子的态度，重新调整教育孩子的方法

对待孩子的不良行为首先要表现出极大的耐心与信心，使孩子感受到父母们是关心他、爱他的，并没有因为他某些方面的不好而讨厌他。同时，对他经常采取的批评、惩罚措施改为用表扬和奖励的手段，但不要急于求成，初期要少而精。要让孩子认识到，以前由于妈妈爸爸工作太忙，很小跟他在一起玩，以后要抽些时间去公园，或去其他有丰富情趣的展览会参观，并要付诸行动。平时要多花一些时间跟孩子在一起，进行情感上的交流与沟通。减少与孩子之间长期形成的距离感。

第二、要信任孩子，尊重孩子

这一点非常重要，不要以为他还是个孩子，儿童的自尊心，荣辱感

比我们想象的还要强，只是由于种种外界的压力而被掩盖了。所以平时要对他进行鼓励，哪怕是微小的变化都要表扬他，进行及时的肯定。并用肯定性的语言告诉他，妈妈爸爸相信他一定会做得更好。

第三、当孩子的行为出现反复时，不必大惊小怪

孩子的行为出现反复，这是一种正常的情况，并不能因此对孩子失去了信心。实际上，这时是家长与孩子竞赛的关键，一旦你的无可奈何的情绪让孩子察觉出来。就会前功尽弃。此时，家长“发火”或指责教育孩子一定要有所克制，更不要旧账重提，或说一些“你也就这样了”之类的话，而要就事论事，讲道理，讲究教育的效率和质量。最有效的方法就是，改变教育对策。即是，如果孩子所犯的错误比较严重，而且你也认为必须加以惩罚，当然这一点对儿童本人来说也是再清楚不过的了，可你偏偏不去理他，仿佛就没发生过任何事情一样，给他以巨人的心理压力，这样，便会使儿童对家长的批评产生一种强烈的期待，以获得尽快的解脱，一旦他承受不了这种精神上的压力便会主动跟家长承认错误，同时让他自己保证今后不再犯类似的错误。这可谓是，此处无声胜似有声。

第四、及时取得教师的帮助

当孩子的上述行为得到明显的改变之后，家长应不失时机地抓住孩子的学习环节，并征得孩子的老师的帮助与指导。

孩子咬手指甲的病根在父母身上

一个上五年级的男孩，由奶奶带着来到我们心理诊所。这个男孩长得瘦小，缺少儿童应有的天真活泼的劲头，一看就是个胆小、缺乏自信的孩子。从奶奶的叙述中我们了解到：最近，孩子的老师经常去家中反映他在学校的表现，因父母工作比较忙，老师都是由奶奶接待的。老师反映，这个孩子有个怪现象，一上课他就不停地咬手指甲，有时还伴有一阵阵抽搐。只要老师和同学一注意他便红着脸不好意思地闭上眼伏在桌子上。可是一会又开始重复上述动作，老师批评过多少次也不解决

问题。

“那平时在家中，您发现过孩子类似的行为吗？”我们问道。“也有这种情况，不过我们都没太留心。有时只是说说他就过去了，并没有当回事。”“您介绍一下家庭情况好吗？”老人家思考了一阵，向我们介绍了孩子父母的一些情况。由于孩子父母的感情不太好。孩子在家中经常不被重视，母亲在商业部门工作，每天回家很晚，很少有时间跟孩子在一起，又于孩子的问题或是不闻不问，或是敷衍了事。父亲辞职办公司，忙起来就很少回家，几乎没有跟孩子在一起出去玩过，即使休息在家也很少跟孩子在一起聊天。他在家里总是摆出一副严厉的面孔，每当听到孩子在学校表现不好或学习成绩差等情况，不问事情缘由，轻则大骂一顿，重则体罚。孩子非常害怕跟他接近，总是想办法躲着他。夫妻二人也经常在孩子面前发生摩擦，最后孩子便成为他们发泄的对象。

在这样的家庭环境下，孩子得不到父母的爱护和关心，在学校又得不到老师和同学们的理解，这类儿童的人际关系比较差。孩子始终在紧张、压抑的气氛中生活，变得胆怯、神经质。这种频繁的咬手指甲是一种轻度的顽固性神经症，属于多动症症状之一。仅就外显行为表现加以治疗，一般难以奏效，必须从孩子的情感方面加以治疗，才能收到实效。

此外，孩子抽搐症状与自身的意志无关，它是由身体肌肉的某一部分的不随意颤动所致，自己想停止也停止不了。抽搐大多出现在面部。形成的原因主要是由手孩子从小缺少父母之爱，情绪长期处于不安之中，是这一体验长期在心中积淀的结果。

“你在家里，想得到什么？”他怯生生地说：“我心里想得到爸爸妈妈的爱，看见他们对我有笑脸，这样我就放心，不害怕了。”话虽不多，但这足以说明孩子是提心吊胆地生活在父母中间的。这种感情需求的不满足长期压在孩子心中，最终导致咬指甲和抽搐等异常行为。

根据孩子的具体情况，又是在父母不能改变态度的前提条件下，我们问孩子的奶奶，孩子跟谁感情深？奶奶告诉我们：孩子上学前一直在外公家，感情很好，当然也在征得孩子的同意下，最后由他外公将孩子接到自己家里。在改变孩子的居住环境后，我们去学校就孩子的问题跟班主任交换了意见，最后制订了矫正孩子行为的步骤：

步骤一：让班主任和孩子外公先观察他的日常表现。反馈结果是：

孩子在休息时间（在家中或学校）跟小朋友或同学玩时没有出现咬干指甲和抽搐行为。可是一旦上课和在家中写作业，这种行为便开始出现，即是，一想到要集中注意力就会增加紧张感，由此便显示出一种不适应的行为倾向。

步骤二：让班主任对孩子进行帮助指导。当孩子的行为比较严重时，无论怎么难看在同学面前都不要直接指出，使他这种无意识行为暂时有种安全感，使他在内心里与教师有个亲近感，这样有利于与教师的人际关系的建立。当教师一旦确定与学生的信任感建立起来以后，应做如下语言交谈：

教师："A，你经常将手放到嘴里，这是为什么呀?"

学生："就是想咬手指甲。"

教师："这是你的习惯呀，不过，这不太好，如果你自己意识到就停止呀!"

学生："嗯，不过总想放到嘴里。"

教师："啊，原来你自己也有知道咬手指的时候呀。"

当然，教师与学生的交谈最好已在非在正式的场合下进行，如果能伴随一些有趣的游戏，使他感到开心，这种谈话便显得轻松自然，也使双方的信任关系加深。

步骤三：当A的行为有所改变而且与教师的友谊、信任得到了巩固，这时便可以进行控制，并且用言语鼓励，使他处于一种有意识状态。例如，当A的行为又出现时，不要使用"怎么又咬手指了，把手放下"等语言，这种语言不仅不利于他矫正不良行为，反而会使其行为得以强化。

美国心理学家斯蒂芬·W·加伯等人在《教子宝典》一书中就儿童咬手指行为，提出三种简便易行的放松训练，现介绍给家长们：

放松手。让孩子握紧拳头直到手很紧张，握紧拳头数15下，然后猛地放开，这时他会感到手发热和额头出汗。让他反复做这个练习，一直做到手放松后发热和感到沉甸甸的为止。

放松嘴和下巴。给孩子发出这样的指示，闭紧嘴，轻轻地磨牙、闭住嘴微笑，用鼻子深深地和缓慢地吸进一口气，吐气时突然张开嘴，张到大约一英寸宽，反复练习，做到脸部肌肉放松为止。

练习。让孩子做一个星期左右的手和脸部的放松练习，每天数次，一直练习到他能意识到咬指甲足手和脸处于紧张状态所致为止。放松练习可以对付这种紧张。

当然，你也可以孩子意识到他咬指甲时的样子，可以采取厌恶疗法。让他坐在镜子前观察自己咬指甲的样子，以增强孩子的厌烦心理，最终自己放弃。

铃子心理咨询手记

教师必备知识丛书

人际交往篇

让金子能闪光

——兼议青年朋友如何协调与同事之间的关系

如果一块金矿深深地隐埋在地层之中，没有被挖掘和加工，那么它永远无法闪耀金色的光芒。人，也是如此。

郑君去年刚从某名牌大学分配到市委某办公室。在大学时，他品学兼优，当过学校学生会干部，组织能力强，又能说会道，写得一手好文章，因此深受老师的喜爱和同学们的钦佩。毕业后，他踌躇满志决心好好干一番事业，好让自己这块“金子”闪耀金光，可是几个月下来，周围的人并不把他当回事，尽管他的文凭在办公室里赫然最大。他不但没有闪光，相反，他感到形单影只，孤立无援。他打进铃子热线，无精打采地说：“现在我已没有刚毕业时的一丝一毫的锐气了，我真不知道为什么会身陷于这种困境之中，所有的理想皆成泡沫，前途一片茫然。像郑君这种遭遇在社会中还真不少见，他们待在现在的单位无疑就像一块被隐埋在地层里的黄金，要调换工作并非易事，更何况换了单位又怎能保证比这地方强多少？那么这些“金子”如何闪耀出自己的光芒呢？主要是要学会适应新的工作环境。

适应新工作环境一般包括两个方面：一是适应新工作；另一是适应新同事。比较起来，适应新的工作相对容易些，因此，适应新同事实际也就是同事对你的角色期待的过程，即要成为同事所希望的角色。人们对每个角色都有一定社会上约定俗成的看法和要求。例如：大众心目中的老师这个角色应是为人师表、言谈举止应端庄而稳重，作为学生这个角色则是天真烂漫，朝气蓬勃，勤学苦练。当你走上工作岗位时，你就必须从学生这个角色转化成新角色，同事们自然会对你提出新的角色期待。当你的行为表现满足或超过他们的角色期待时，他们就会欣然认为你是他的理想伙伴，也就是你能够很好地适应你的同事，与他们有善良友好的人际关系。反之，就会出现郑君这种“无奈”。

应如何使你的行为符合同事们的角色期待，尽快地适应新工作环境让每块金子都闪耀着熠熠的光芒呢？首先应调整自我认识。不少学有所长的大学生十几年来在学业上一帆风顺，自我感觉良好，对于同事们的意识不屑一顾，认为他们水平低或吹毛求疵，因此同事自然无法接受这种“自我感觉良好”的“天之骄子”。但事实上，初涉社会的大学生没有多少社会经验，而那些没有文凭但是工作了几十年的同事在实践工作中积累了不少经验，所以应虚心向他们请教，对别人的意见应反思一番，有则改之，无则加勉。其次，不要血气方刚，评论是非。不少年轻人初到工作单位都血气方刚，爱憎方明，对单位由于存在历史现实的诸多原因，必然存在复杂的人际关系。初来乍到的你对单位情况不是很熟悉，也无什么贡献可言，就随便发表意见，这是很难取得同事的好感。第三，适当参与一些大众性的兴趣、爱好。学会一些大众化的娱乐，这样才能和周围人打成一片。另外，当同事们在一起侃家庭、侃婚姻、侃流行、可适当参与，适当插话，发表自己的见解。如果一再缄默不语，久而久之就会孤立于圈外，被同事视为自命清高。

你会运用“南风效应”吗？

——谈人际交往中批评的艺术

“别人都说好心会有好报，我觉得应改成好心不得好报了。”小赵在电话里有些委屈对铃子热线的主持人诉苦：“难道我只做一个不分是非的老好人才能受欢迎吗？难道发现别人有错误不指出来才是正常的吗？”听得出小伙子是个个性爽直的人。

小赵去年年底被提拔为单位的团支部书记，新官上任三把火，刚上任的他就组织了不少活动，而且他还深入群众，和团委的成员们经常促膝谈心，但是他的工作热情却没有得到同事们的认可。原来由于他个性较耿直，每当发现同事有什么缺点总是直言不讳地指出，本来一番好意，却经常引起别人的恶感、曲解，本来与同事关系相处得不坏，现在已经出现了裂痕。

于是，主持人给小赵讲了法国作家拉封丹的一则寓言：北风和南风比试，看谁能把一个人身大的上衣吹掉。北风首先施展威力，行人为了抵御北风的侵袭，把大衣裹得紧紧的。南风则徐徐吹动，顿时风和日暖，行人总觉得春暖身上，始而解开纽扣，继而脱掉大衣。心理学称之为“南风效应”。

小赵与同事关系不和谐主要是没有很好地运用“南风效应”，有效地运用批评的艺术。

在人际交往中，我们开展批评同样是为了使批评者认识错误，改变观点，但是批评方法不一样，效果也往往不同。一般说来，人们都是乐意接受正确批评的，所不愿接受的往往是批评的方式方法，所以批评者如能考虑到被批评者的情绪状态，采取对方易于接受的批评方式，使批评者在良好的“心境”下展开认识活动和意志活动，那么批评就能收到“南风效应”，例如：可采用先肯定后否定的方法，也就是先表扬对方的优点然后再指出其缺点；通过“第三者”向他转述你的意见或创造条件让他“无意”中听到批评意见；先批评不疼不痒的小问题、使对方易于接受，然后循序渐近，将“雪球”越“滚”越深入结症所在。

另外，也应注意批评的时间和地点。在批评时不应选在对方心情不好或工作繁忙之时。地点则尽量选择在人少的地方，最好是单独一人时提出。特别要注意不要在异性面前批评对方，这样即使你批评得再中肯，对方不但不接受，还会怨恨你。

当然，如果为了讲究批评艺术，而弄得态度暧昧，说话隐晦，甚至专挑人家爱听的话说，把是非、善恶的界限模糊起来，那就不是批评的艺术了。真正批评的艺术是心灵里编织的一首友谊之歌，以它动人的旋律把人们带到一个新的意境。

芹的故事

——兼议人际交往中的自比作用

丝丝的梅雨像似失落的诗句，又似飘不完的思绪。在一个淫雨霏霏的下午，阴暗的天空似乎给每个人心田上都笼罩上一份压抑。远处有两个人共撑一把伞，从他们的相拥相依可看出是一对恋人。这一情景，深深地刺痛了芹的心。刚与他认识时，他也是对他这般呵护有加，可后来呢？她心里一阵针一般的刺痛，于是拿起桌旁的电话，拨通了铃子热线。

飘忽的梅雨仿佛是芹的心在哭泣，和着雨声她在电话里诉说她那不幸的遭遇：很偶然，她在朋友家认识了他。初见他时，他戴一副黑框眼镜，身着白色西装，一副斯文儒雅的模样，很快就博得芹的好感，再加上他一见她时就殷勤倍至，第二天他们就又再见面了。第三次见面时，他貌似君子的形象已荡然无存。在公园的石凳上，他竟然对她动手动脚，她以为他对她爱意太浓，也就没有反对。没多久他就用强暴的手段占有她，她忍气吞声，心想反正是他的人了，只要他对我好就行了。后来，芹就怀上了他的孩子。他花言巧语要她去做人流，并答应马上与她结婚。可是从医院出来后，他却断然要与她分手。芹一再恳求他不要抛弃她，他便装着怜悯她的样子，勉强答应与之交往。后来芹又怀孕了，这回她坚持要与他结婚，但他却扬言五年内决不结婚，如果等不了就分手。没过几天，芹就在街上碰到他跟另一女孩手牵手在散步。那段时间，她仿佛陷入了感情的深渊，终日以泪洗面。她是一个善良的女孩子，她不会去报复他的，但她的心却冷透了。

她对铃子热线的主持人说："我全心全意地投入我的一切，而他却一而再，再而三地欺骗我的感情。这世上没有一个好男人，这辈子我不会再恋爱，也不准备结婚。"

像芹这种以自己的心理去推断别人心理的做法，心理学上为自比作用。自比作用是认识他人的一种方法，但是如果不正确地把它当成人际交往的一项准则，就会阻碍自己在人际交往上的顺利进行，严重时甚至会影响人的一生。像芹这样被男友欺骗了感情，就变得怀疑一切，否定一切，认为世上的男人都不是好男人，这就犯了以偏概全的错误了。

当然，铃子热线的主持人从心底里同情芹的遭遇，同时也深感她的软弱。作为一个女性更应该有一种防御和保护意识。当对方再三地玩弄自己的感情时，应该学会保护自己而不应该受从一而终等陈腐观念的影响。芹，你应该吸取教训，学会在人际交往中观察别人。人生就象大海中的一叶扁舟，总要经历各种风浪 ，但关键是如何把握方向，让小舟驶向彼岸。希望你能振作起来，用乐观、向上的心态去面对恋爱，婚姻和人生，等待你的将是幸福的明天。

克服社交恐惧的良方——自信

小蕊不知从什么时候开始总爱脸红，特别是和陌生人交往的时候。她是个独生女，从小性格内向，加上父母宠爱视若掌上明珠，所以很少让她出过家门与人交往，渐渐地她变成了一个害羞的女孩，一遇生人就脸红，尤其害怕与异性交往。

“我妈说我还小，且是个女孩子可是我已经快二十岁了，眼看就要参加工作，总这样爱脸红怎么走上工作岗位呢？小蕊在铃子热线焦急地对主持人说。

主持人告诉她她患的是一种叫社交恐惧症的心理障碍。“社交恐惧症是由于害怕别人不好的评价而引起的对人际交往的恐惧症。它表现了对具体环境的回避”，主持人对小蕊说：“是纯属心理紧张造成的心理障碍，虽然不会影响人的身体健康，却影响着人的正常工作，学习和生活。”

像小蕊所患的这种社交恐惧症在年轻人当中并不少见。他们有的因为小时候发生某件事，对周围的人产生某种错觉而对交往带有恐惧感；也有的人是人小性格内向，缺少与人交往的经历，从而对交往产生恐惧和紧张，这种心理障碍总是时时地折磨着他们。主持人向小蕊提出几条建议：

1. 正确评价自己，克服自卑，积极参加各种活动，从各个侧面来证明自己，最好为自己制定活动的时间表，强迫自己按表去活动。

2. 制定一个由“熟悉环境—陌生环境”过渡的时间表。即先不出门与人交往，再与好友交往；可与好友一起去见陌生人；一个人去买东西、借书或在火车、汽车上与邻座聊天；最后与异性交往或陌生、害怕的接触。这种方法心理学上为“系统脱敏法”。

3. 锻炼自己的心理承受力，你不愿与别人交往，但这种“冲击疗法”就要求你必须与别人交往，即把你害怕的刺激突然地出现在你面前，使你无法回避，这时你虽然极度紧张，甚至厌恶。

4. 多看一些有关名人交往的书籍和电影，使自己对交往的技巧有些了解，有一个明确的模仿对象。

美在自信和朝气蓬勃

——写给长相一般的女孩

“您能帮帮我吗？”一个叫小岚的女孩打入铃子热线怯怯生生地说。“能不能告诉我你有什么烦恼吗？”主持人问。“……因为我长得不好看，身材又胖又矮，觉得周围的人都不太喜欢我。”她迟疑了一下说：“我常感到苦恼，也很自卑，人也越来越孤僻了。生活对我来说仿佛没有什么乐趣可言。其实我真的很渴望能和周围的人和谐相处，做一个受欢迎的人。可是我现在该怎么办呢？”感觉中小岚是一个热爱生活，不甘被生活遗忘的女孩。

的确，俊男倩女总是特别引人注意，容易取得别人的好感，特别是获得异性的青睐。这就是人际交往的“相悦性”。这种人际交往的“相悦性”会表现出不小的魅力。但是交往双方的内在气质，能力等才是“相悦性”的重要内涵。

主持人向小岚讲了一个真实的故事。一位社会心理学家设计了一个实验：他在大学里挑选了一个班上外表最不受欢迎，最不吸引人的女孩安妮，商定大家要象对待校园里最漂亮的女孩那样对待她。当然她自己是不知道自己被做实验的对象。一学期过去了，情况发生了戏剧性变化，安妮不再是拘谨，孤僻的女孩子。她开始穿上合体吸引人的服装，开始注意起打扮，性情变得十分开朗、自信，言行大方并且很有气质。一只“丑小鸭”变成了一只“白天鹅”，于是那些本来是因为实验需要，向她约会的男孩竟然假戏真做。

为什么安妮会有这样的变化呢？关键在于安妮在交往过程中重新评价自己，重新建立新的自我形象。充满自信热情朝气蓬勃的女孩本身就有一种吸引人的力量，因此首先要改变这种自卑、孤僻的性格，以自信、乐观的形象出现在人面前。其次，做一个面带微笑、善解人意、热心助人的温柔女孩，特别是当别人处在困境中，伸出热情的手，帮助他们，他们会投之以感激的目光，同时他们也接纳你。上帝创造了一个人的容貌、身材、但是他却无法给一个人的“风度、学识、气质”。但凡漂亮的女孩总是占着先天的优势而疏于后天的努力。于是很多原本相貌平凡的女孩经过后天的努力拥有“学识、气质、风度”，因此成为许多人争先交往的有魅力的女孩。另外，作为一个女孩子，在闲暇时也可以学习一些化妆的知识和技巧。“三分长相，七分打扮”，适当的化妆会使人增色不少的。

“人不是因为美丽而可爱，而是因为可爱而美丽。”最后铃子热线把这句古老又古老的话送给和小岚一样长得不漂亮，但同样可以美丽的女孩。

“正直”的代价

一种人际交往的盲点

“富贵不能淫，威武不能屈，贫贱不能移。”这是先人孟子留下的古训，使千千万万的炎黄子孙在为人处世时保持尊严和正直。那么在现代纵横交错，变化莫测的人际交往中应如何理解正直地处世呢？

小李刚从学校毕业，分配在某金融系统工作。由于他性格较内向，不好交际，所以在学校和单位跟同学同事相处时很“疙瘩”。例如：有一位曾与他相处得颇好的女孩，就因为帮助老校长的夫人做了几次家务，串了几次门，有迹象表明她的分配会由此受到照顾，尽管她各方面成绩都十分优秀，按积分她完全可以留在城里。这就触怒了他的“爱憎分明”的“正直”。他买了一盒弹子棋赠给她，并题上“玲珑圆滑见孔就钻”。当她一看到这几个字禁不住哭了起来，从此断了来往。

我先对小李本身的性格进行分析，像他这样的人往往对周围的关系十分敏感，个性耿直，妒恶如仇，很有正义感。从本质上看应是个好人。但是像他这样的人往往喜欢意气用事，对事物的好恶只凭感觉，没有进行较长时间的理智考虑。当对方的观点与自己不一致时就脸红耳赤地与对方争执起来。俗话说：“良言一句三冬暖，恶语伤人六月寒。”人与人之间的喜欢是相互的。如果你对别人冷眼恶语，别人怎么会喜欢你呢？

然后，我也对他所谈的那个女孩略加分析。其实那个女孩具有一定的社交能力，她恰当地与校领导老师交往，这样的行为是无可厚非，更何况她本来的成绩就很优秀，有优先分配在城里的条件。通过正当的交往，而赢得一生的机遇，这岂不是我们通过交际所获得的成功？

其实小李这样的“正直”处世现象并不少见。他们对看不惯的人连招呼都懒得打，实际上这种“正直”就是一种人际交往的盲点。现代社会瞬息万变，人际交往也发生了许多变化，如交往的范围日益扩大，交往讲究效率等，所以这种“正直”往往使我们无意间损失了许多不该损失的东西。为适应现代社会，现代的人际交往，在不失自尊和人格的前提下，善于灵活处世，在复杂的人际关系中左右逢源，使我们的生活更美好，无论如何也是人生的一种胜利！

友情与恋情

——青少年同异性交往心理透视

青春，这是人生最绚烂的季节，这里有欢乐，有甜蜜，有苦恼，有痛楚。无论是谁，生活在这个季节，永不可抗拒的是青春的年龄，永不可平静的是年轻驿动的心。

男女生在一起交往好吗？

“男孩和女孩在一起就是谈恋爱吗？”“男女生就不能成为朋友吗？”“友谊为什么总被当成爱情而遭扼杀？”

铃子热线接到一次又一次少男少女们的倾诉。

珂是市某重点中学的学生，他向铃子热线主持人讲述了这么一个故事：有一天放学，突然下起雨，一个男孩打开伞正想回家，忽然瞥见同班一个女同学没带伞，于是他便很自然地把伞递过去，让她先回家。可雨不像要停的样子，女孩子看天空就对男孩说：“我们不是同路吗？一起走吧。”男孩犹豫了一下，便两人共撑一把伞回家。第二天，班级就传开了有关他们的最新“消息”。他们被迫对老师、父母不厌其烦地反复解释昨天傍晚的事，并每人写一份检讨。然而，事情并没有了结。后来，那女生被迫转学，那男生再也没有跟其他女生说过一句话了。故事中的男孩就是珂本人。这一场雨和雨伞的故事使他变“纯洁”了，不知这是人性的升华，还是对人性的扭曲？

青少年时期是一个从童年走向成熟的过渡时期，少男少女的经历青春发育期的生理巨变的同时也经受了心理发展的种种困惑、矛盾和挑战。如何引导正确认识异性之间的交往呢？这是教育工作及父母特别关心的问题。友谊这是人类一种自然的需要，少男少女也一样，随着年龄的增长，越来越渴求友情。特别是想了解异性，接近异性，与异性交往的需要更是日益强烈。粗暴的禁止和简单化的处理往往会产生适得其反的效果，妨碍青春期的少男少女们自然健康的成长。

处在豆蔻年华的少男少女们，长辈们期待你们健康成长的苦心你们又能了解多少？假如没有一部分男孩和女孩过早地陷入感情的伊甸园，误了学业，师长们又怎会惊慌失措，捕风捉影？铃子愿你们能明了青春的真谛，珍惜每一寸光阴，愿大家在这个美丽的花季中建立起纯真的友情的同时，更圆满地完成自己的学业。

青少年心理咨询篇

千军万马过独木桥
——升学考试中学生心理压力分析

小艺是市实小毕业班的学生。虽然他不像班里其他同学那样活泼可爱，但是他平时遵守纪律，积极主动为班级做好事，是老师的好帮手，而且学习成绩一直稳居班级前五名，所以老师们都格外疼爱他，把他列为进入重点中学的培养对象。父母也为他感到自豪、常在亲朋好友面前夸口他一定能考上一中，平时总是对小艺说："孩子，一定要考上重点中学，考上重点中学就等于把一只脚伸进大学的校门。"为了不负师长重望，小艺更认真学习，由于过重的学习负担和心理负荷，考前他发烧，得了重感冒。加上初考时心理过分紧张，没有发挥正常水平，他心里难过极了，尽管爸妈答应他赞助一万元尽量要让他上重点中学。小艺年纪虽小但是心里却明白爸妈必须东拼西借才能凑足这一万元，更何况是，用赞助上重点中学，这对好强的他心里总是特别别扭。暑假到了，虽然不要再天天念书做习题，可小艺心里却不见得轻松，连小朋友约他出去玩他都拒绝了。

铃子热线已接到类似像小艺这样由于心理负担过重而在升学考试失利的求询电话。主持人在劝慰他们要勇于面对挫折，用乐观向上的心态去迎接明天的同时，很想对家长和老师们说几句话。家长们望子成龙的心情是可以理解的，但是你们在考前有意无意对孩子施加的心理压力只能给他们在考试中带来负面影响。另外一面作为毕业班的老师能否在繁忙的毕业复习中抽出一点时间学生进行考前心理放松训练，简单介绍应试心理常识，让学生有一种健康、正确的心理走进考场。

考试心理压力过重是当今学生普遍遇到的一种现象。教育应该是以培养人的素质与能力为目的，即"素质教育"。但由于我国人口众多，国家财力有限，无法让太多学生接受高等教育；经济改革又迫切需要一批高素质、能力强的人才。拥有一张高等教育的文凭，无疑是取得进入社会的最佳门票。学生、家长、老师共同为这张“门票”而努力奋斗着。这一切使原本被为“小皇帝”的独生子女们心理负荷比他们肩上的大书包还沉重，使一些学生没有了他们年龄原有的童真，而他们的个性和特长也得不到发挥，更造成未来人才的单一化。因此只有真正把“应试教育”转变成“素质教育”落实到实际行动中，不断完善教育制度，同时随着经济的发展，大量投入教育经费，这些矛盾和弊端才能得到根本解决。

只有家庭、社会、学校三要素共同努力，才能真正减轻升学考试中学生的压力，转眼又迎来了高考的日子，铃子热线衷心祝愿所有参加高考的学子们能带着一份轻松走进考场，成功地走好这一人生关键转折点。

培养健康情绪面临考试

叮铃铃，上课铃声响起，初二（3）班的同学都跑步进入了课堂，要知道今天是期中考试的第一天，考的成绩好坏。关系着下学期分快慢班，升高中，续大学的关键时刻。带着争一口气的决心，小赖激动得身体在瑟瑟发抖。此时她好似看见了自己手中拿着的成绩单，全部是优……突然老师把考卷发到了座位上，她意识到自己脑子想的偏了题，赶快双手接过卷子。打开卷子，瞬间头脑中一片空白，根本看不清卷子上写的是什么。时间在悄悄流逝。90 分钟很快过去了，她却一题未做，焦急、自责的泪水无声的在脸上流淌。下课后，她低着头，飞一般逃出了教室。头一炮没打好，接下来越担心越是考得一塌糊涂。内疚、痛苦的她拨通了铃子心理咨询台电话：“我学习的机会来之不易，爸爸原来不同意我继续上学，我向他保证，一定读出个样来，可这次期中考成绩单我无法拿回去向爸爸交待。他们一定不会理解和原谅我的。我原来也当过班长，学习成绩一直很好，可为什么我这次，越是充分准备，反而考试成绩越糟。现在我不敢看老师，更担心下一次的期末考试，我该怎么办?”

“每一个人都渴望成功，考得不好并非你主观的愿望。我认为你首先要冷静，客观地分析失败的原因，因为你一心想求成，压力紧张反而使你在考场上未能发挥好。要经得起失败”。自古雄才多磨难，找出失败的原因后，就应采取有效的补救措施，那就是争取在期末考试中考出好成绩。在心理学上有一种说法，叫“意念”。也就是你越想越担心的问题就越会出现。说像着魔一样。因此现在你必须调整沮丧，担忧，自责的情绪，在下一次的考场上注意稳住神，控制住自己的思维流向，一旦意识到自己被一种负面情绪左右，马上“制止”防止慌时思慌而更慌，乱时思乱而更乱的顺惰性思维。在场上什么也不要想，尽力释放干扰因素，以冲淡解除负面情绪，逐渐将注意力集中在需要做的考卷上。如果能按我以上所说的去调适，我相信你一定会考出好成绩。

青少年期是人生的黄金阶段，是个体发育发展的最宝贵、最富特色的时期，然而同时又是人生的“危险期”。随着生理的变化，以及环境的影响、教育的作用，青少年期作为个体心理迅速走向成熟，又尚未成熟的一个过渡期，要摆脱目前不利于学习生活的困区，必须要有一种平衡人生的信心，也应是智慧与情感的和谐的结合，在面临失败、挫折表现的态度。心理学家认为，自信坚毅，坚强等内在的心理因素对青少年尤为重要，有的人因挫折而奋起，而还有一种人则一蹶不振，这都与个人素质因素占很大的比重。所以人格等心理品性的培育，进行应付挫折的教育，培养、健康情绪的教育以及意志毅力的培养，在当今我们的社会尤为重要。

彷徨的花季

——写给“心理断乳期”的青少年朋友们

青少年的教育与成长历来是社会关注的问题，此时的孩子正从少年走向成年，他们正用自己尚且稚嫩的眼光看待世界、理解认识世界。以他们不太成熟的判断力来分析眼中世事的正误。在心理学上将此时称为“心理断乳期”，他们需要正确的教育引导，才能走过这个生命中的十字路口，铃子热线在电话里偶然听到了这样一个故事：

静，是一个正值妙龄的少女，偶然一次在心烦的时候拨通了铃子热线，习惯性的问候之后，她对铃子热线主持人说：“我是不是病了?”我的父母是不是病了？整个社会是不是都病了？我有些惊讶，问“为什么会这么说?”她说：“为什么父母认为他们说的都是对的，我做的都是错的呢？我，原来是个天真浪漫的孩子，或许是幸福之神的眷顾，我从小便是个挺出色的孩子，小学是个班长，中学是个团支部书记，校‘三好’生，一些散文杂记也曾在校外的一些学生刊物上发表，当时父母对我也极为宠爱，我也是个听话的孩子，可是当我考上高中后，幸运之神渐渐远离，身上的光环开始逐渐消失了，我成绩下降了，父母的打骂接踵而来，并非我不努力，而是我已尽力却收效不多。有时我父母总是在耳边唠叨他们年青时的成败得失经验，我感到窝火，时代不同，处事方法当然要变，可是父母总认为他们是对的，我如果一反驳，责骂又连绵不断，我真的很怕被打，所以我一而再再而三地撒谎，表面上对父母我毕恭毕敬，极少顶嘴。但我有思想有看法，我心里总与父母背道而驰，被父母发现免不了一顿‘棒揍’，我索性破罐子破摔，逃学，离家出走，彻夜不归，短短三年我变了，变得自己都不认识自己了，我有时明知错了，但父母管得太多所以我还是将错就错，我并非不懂父母的爱，但这种教育方式我无法接受，我怕他们，我做错事不敢与他们商量，想想过去想想未来我好烦。”听完她的述说令我震惊，我对她说：“你正好处于青春叛逆期，对于父母有一种近似于对着干的心理，而你与父母之间的关系就社会而言，普遍称为‘代沟’，这层‘代沟’并非不可逾越的，只要双方都退一步以理解为基础，对于父母不妨以较新切的感觉去面对，他们毕竟是你的父母，不要过分计较方式方法，只要尽力去体谅父母的一番苦心，没有亲情无法跨越的鸿沟，只要你愿意，相信父母会接纳你的。”

其实理解是双方的，只要父母们在孩子刚懂事之时便以朋友身份出现，那么孩子便不会有恐惧心理，教鞭很重不要轻易举起，它的一鞭会打掉孩子的自信心，会挫伤孩子的自尊心，拉开双方的心理距离，人与人之间的关系只有理解才是最好的协调方法，体罚只会增加不协调因素，扩大鸿沟。

青少年是社会的未来，走在十字路口的孩子需要社会更多的关注，更需父母正确的教育引导。铃子热线衷心祝愿：天下父母与子女都成为知心的朋友！

青春的迷茫

又是一个繁忙的值班日，铃子咨询台接到了一位初三中学生的电话。一个怯怯的稚幼的女童音：“这里是铃子咨询台吗？园园姐姐在吗？”

“我就是，请问小妹妹怎么称呼？”

“园园姐姐，是陈老师让我找你，他说你能帮助我。”

“这就要看你是否愿意把内心秘密告诉我。”

“我是班里的文体委员，前两年一直是三好学生，学习成绩很好，最近这段时间，我学习下降，我担心高中考不上，因我现在已是初中毕业班的学生了，我父母还指望我读高中、上大学呢。”

“为什么学习成绩下降？能告诉我什么原因吗？”

“我很崇拜，喜欢陈老师，他那么有内涵，有知识，然而上他的课，我越来越听不进去了，我不敢正眼看黑板，看老师、心跳、脸红，心里很乱，我是怎么了？有一种说不出感情，我真怕同学发现这秘密。每天提心吊胆的。”

“初三毕业班学生是人生第一个转折点，也是学习的关键时刻，这关系到你能否考上高中读大学，我相信每一位关心爱护你的人，尤其你的老师希望你能以学业为重，安然度过这个转折点，为自己的将来打下基础，如果你因现在对老师的这份特殊感情，而导致学业荒废，我相信你的老师非常失望。要知道他对你的期望很高。所以我希望你把这特殊感情转化为动力，加紧学习，用知识丰富自己，用更大的手笔去描绘今天，迎接明天。”初中学生，对老师的是一份朦胧的感情。爱慕之情与师生没有特定的划分界线，怎样引导，让其爱慕之情升华为师生情，友谊却很重要。要知道喜欢自己老师并非坏事，因为老师是学生人生旅途上的一面镜，一面洁净无瑕的镜来照自己，照学生，激励一代代后来者，老师的一句话，一个手势，甚至一个眼色，都是耕耘学生心田的犁铧，当他们从中获得信任，理解和鼓励时，许多潜能和真善美的东西便会被奇迹般地激发出来，一个称职的老师，不仅要教给学生知识，为他们铺奠构筑知识大厦的基石，而且要注重学生思想品德的修养，不断用高崇的思想和道德去滋润他们心田，让他们走出心灵的困区，坦然面对人生。

家教咨询篇

含苞未放的花更美

——学生早恋心态分析

在铃子热线工作也有一段日子了，期间接到过不少关于学生早恋的咨询电话，正就读于重点中学的高三学生小志就是其中之一。

“与小华相识纯属偶然，刚走入高中校门不久，带着几许兴奋参加了“五四”联欢会的排演……

刚到排练室，忽闻一段印度舞曲的响起，台上出现了一位身着华丽的印度少女服装，手腕脚腕都带上了数串响铃的女孩，清丽的容颜明眸皓齿让我眼前一亮，窈窕的身段让我目眩神迷，优美的舞姿让我为她喝彩。一种前所未有的感觉在心中泛开，以后数日我的眼光总随着她转，脑海中总浮现出那张清丽的脸庞，优美的身影我清楚地意识到我喜欢上那个女孩……

一番努力以后，校园出现了我俩相携的身影，不少人投以羡慕的眼光，我俩也十分幸运地分到同一理科班，上课时我们总惦记着对方，目光不时总相接在一起，我们无心于上课内容，课余时间又时常在一起嬉戏玩耍，忘了还有一大堆功课，忘了还有许多疑问。我俩的成绩不知不觉都在下降，高二年的学期终考竟然亮了“红牌”，勉勉强强过了关，面临不久后的高考，前程茫茫，我该如何向对我寄予厚望的父母家人交待呢？但又难以割舍目前这份感情，我该如何是好？帮帮我，告诉我……”

“类似于你的情况在中学里也算是时有所闻了，的确，随着社会的发展以及外来文化的逐渐侵入，有少数青少年过早地加入恋爱的行列，由于自身对于感情处于朦胧的状态，这时候的少男少女虽然可以用自己的思想与感受去理解情爱，但这并不是一种成熟的见解，在许多方面仍欠缺考虑，所以该清楚地意识到过早的恋爱，容易分散学习精力，光阴似箭，千金散尽难复还，只有割舍不应有的恋情，用理智战胜情感，才能有美好未来。

作为一个有理想有抱负的男孩，应该把你们俩之间这种美好的感觉埋于心中，化作一种拼搏的动力，千万别沉迷于暂时的浪漫，荒废了学业。作为同学的你们更应该在学业上相辅相成，一起进步，岂不好于现在这种情况？”

记得有位中学教师说过：“学生时代的情感纯真而美好，但要将它们深埋于心中，让时间作为最有力的证明。”亲爱的学生朋友，你们是否赞同？

理智地爱孩子

不久前，铃子热线接到一个小女孩的电话：“我叫晶晶，这学期读初三，学习成绩不错，爸爸妈妈希望我能进入漳州一中，平时妈妈对我的学习抓得很紧，每天晚上都让我学到11点，还买了许多习题集给我补充“营养”，同学邀我去玩，妈妈都不肯。我知道爸爸妈妈是为我好，正因为这样，我才害怕学不好，辜负了他们的一片心意。所以，我心理总是很紧张。”小女孩一口气向主持人诉说了自己的苦恼心情。

不难发现，晶晶的紧张心理是来自父母的严格要求和殷切希望，这种严而无度和过高的期望无形中给孩子造成巨大的精神压力。心理学认为，这分的紧张对人的思维、记忆、行为会带来不利的影响。因为人在精神紧张时，激化脑垂体分泌心理、生理紊乱的激素，破坏人的正常活动。如果晶晶长期处于这种紧张状态，就可能导致精力难以集中、思路不畅、考试不能轻装上阵等心理障碍，影响孩子的学习成绩。

虽然，天下父母都有“望子成龙”或“望女成凤”的心愿，但这种心愿不能是空中楼阁，必须建立在现实的、实事求是的基础上。初中生毕竟还是孩子，他们需要童年，需要有一定的自由活动时间，需要劳逸结合。倘若父母对孩子的爱是一种无形的枷锁，把他们牢牢套在你们的“设计圈”中，那么这种爱是狭隘的、不理智的。当前，学校正在提倡素质教育，它是以全面提高孩子思想品德、科学文化和身体、心理、劳动技能素质、培养能力的基础教育。作为孩子第一任老师的父母，理应积极地配合学校，让孩子在德、智、体、美、劳得到全面发展，一个有抱负、有追求的人，无论从事什么职业，只要肯虚心好学、勇于进取，都会有所作为的。但愿我们的家长都能理智地爱孩子，给他们创造一个宽松的学习环境。

子不教，孰之过

——浅谈父母对子女的教育责任分工

一星期天上午，铃子接到一对夫妻打来的电话。

“铃子，你来评评理，您说做父亲的该不该管教管教孩子呢？我丈夫对小孩很少过问，现在，孩子已经上小学五年级了，明年就是毕业班，语文成绩还不错，数学却只有中游，老师说要上重点中学还要加把劲才行。可他却总是若无其事，也不花点时间多辅导辅导他。”

轮到丈夫发话了：“我是搞业务的，经常出差，和孩子在一起的时间也就相对少了。更重要的是妻子完全垄断了孩子。打自孩子上幼儿园，她就带孩子学弹琴、画画、练体操，您说这么小的孩子受得了吗？上了小学，孩子的成绩也不差，却常常让孩子去补习，连放寒假也不让孩子玩一玩，又给孩子找一个班学下学期的课程。她这种填鸭式的教育压抑了个性，我不赞同。”

清官难断家务事，很难用一两句话来判断谁对谁非。成家之后，有了爱情结晶，家庭的工作重点就转移到孩子教育的身上。特别是国家实行计划生育以来，父母对子女的林林总总希望，便在一个孩子身上定焦，“望子成龙”这几乎成为每位父母的企盼，那么“龙”的成长教育应由夫妻二人谁来承担呢？

《三字经》曰：“子不教，父之过。教不严，师之惰。”可见传统观念之中，父亲在子女教育中占有主要责任。父亲不能因为工作的繁忙而忽略了对子女的教育，再加上目前孩子从托儿所到幼儿园、小学、中学接触的大多是女性，而男性的理性和抽象思维体现出的教育方式方法也就尤为重要。当然，女性也有其优势。女性一般更倾向于形象思维，情感细腻，做事一丝不苟，在生活上能较好地照顾孩子，因而容易让孩子感受到情感的传递，养成善于体谅他人、做事稳重、一丝不苟等良好的心理品质。中国的孟母教子，岳母刺字等故事以及外国的大发明家爱迪生小时候被老师当成智力低下的儿童赶出校门，是他的母亲使他真走上成为发明家的道路都说明了这一点。

孩子的心灵是十分敏感的，他们的成长需要父母的爱护、关怀与教育引导，所以父母应谨记身为人父母之职责。当然，教育子女的方法也是千变万化，不拘于某种形式，如果夫妻双方出现分歧时，应心平气和地商讨一下，然后再采取相对一致的教育方法。另外，身为父母除了多花一些时间和精力在子女教育之上，更重要的是要注意本身的榜样作用，这是最有说服力的教育方式。它的潜移默化作用往往对子女个性和品德形成有着极其重要的影响。

青青出走记

——谈父母离异的子女教育问题

“铃子姐姐，青青离家出走了。”一个叫小君的女孩在电话里气喘吁吁地对铃子说。

我的心一下子揪紧了，几星期前，我接到两个小女孩打来的热线，一个是小君，一个就是青青。青青曾是学校的播音员，普通话讲得极标准，声音脆生生的，她对我说她的志向是当一名老师，她很想报考到外地去读中专，很想早点工作。我有些不解，一个才十三四岁的女孩子怎么会有这种想法，慢慢地她告诉我她的身世：在她上小学一年级的那一年，她的父母因感情不和而离婚 了。法院把她判给了父亲，她父亲在第二年便又娶了个后妈。后妈平时对她不冷不热的，虽说很少打骂她，但是她总觉得没有她亲生妈妈好。所以她想早点工作，赚钱养活自己，离开这个家。了解了她的身世以后，我就更加关心这个因家庭变故而变得早熟的女孩了，她也常打电话，把心事告诉我。

青青是到漳平的外婆家去了。小君告诉我今天青青和后妈吵了起来，心情不好就按手中妈妈留下的外婆的地址乘火车到漳平了。临走时叫小君转告我一声。

现在夫妻离异的现象日益严重，其直接受害者便是子女。有人在某学校就这个问题进行调查分析，该校 1392 人，父母离异的学生有 133 人，占学生总数 9. 55%，调查结果表明父母离异给孩子带来诸多问题：父母双方不顾法院判决，互相推卸责任；或该管的一方忙于工作、经商等没时间精力管教孩子；或是孩子跟随的一方又重新成立家庭，孩子不能适应新的家庭环境等等。离异后子女大多心理状态变得复杂，甚至有一部分孩子存在一定的心理障碍，父母离婚“不光彩”成为孩子心理障碍的一块阴影。父母离异后，亲生父母昔日的关心、爱抚，哪怕是唠叨都不见了，使他们感到失落、孤独、悲观，甚至产生怨恨情绪，埋怨父母不负责任，社会不公平，因而形成、孤僻、过分防御别人的不良人格特征。

对于父母离异的孩子要引导他们面对现实、正确对待父母离婚这一现象。父母的离异并不代表所有的人与人之间就缺乏真实情感，要及时纠正他们认识上的一些偏差。同时要鼓励他们学会在逆境中克服困难，培养坚强的意志，提高独立生活的能力，走好自己的人生之路。

父母离异单亲子女的成长已成为一个严峻的社会问题，他们需要全社会的关注与爱心，特别是师长的关怀与引导。此外，为人父母者若在面临夫妻感情出现裂缝时，为了你们子女能拥有一个健康而完整的心灵，能否三思而后行，不要轻易做出离异的选择？

后记：在铃子写完这篇稿件之后的一个星期，青青由爸爸带回了漳州。在电话中，青青表示今后不再做离家出走的傻事了。

拿出勇气　挣脱鸟笼

“有人说我有福气，丈夫这么会赚钱，我要啥有啥。可我却总觉得过得不快乐。我丈夫已经将近半年没有回家了，也不知是不是在外面有了别人？”夜晚11点多，有一个叫芬的女士打入铃子热线，此时的她正开着小车在市郊环城路转悠着，边开车边用手提电话向铃子热线述说她的故事。

芬原来是一家幼儿园的老师，年轻时能歌善舞，工作特别出色，每年园里评选优秀教师总有她一份。结婚后，原在事业单位工作的丈夫下海与别人合办了一家建筑公司，生意很是兴隆，家中的生活水平直线上升，儿子出生以后，为照顾好家庭和孩子，她放弃了自己的工作。丈夫的生意越做越大，据说在厦门开了两家公司。在外人面前她是何等逍遥自在，家里请了两个保姆，儿子上了贵族学校，一星期才回来一次。要钱，向丈夫打个电话，银行里的账户金额就多了几位数。每日她打扮得珠光宝气、花枝招展地与富家太太一块逛高级商场、做美容、喝茶，晚上不是上卡拉OK、泡舞厅，就是在家里摆起了小长城，总是到二三点玩累了才休息。第二天一觉醒就是中午。吃罢饭，打扮一下上街去。开始她也觉得这生活惬意得很，仿佛神仙一般，可日子周而复始，日复一日地这么过，她觉得有些没意思。令她心烦的是丈夫回家的次数越来越少，现在一年都难得见几次面。每次回家总是匆匆忙忙如住旅馆一般说走就走。有时她也想再加入匆匆忙忙的上班族，但长时间的养尊处优，使她怀疑自己已经没有能力去做什么事情了，更何况自己已经过惯了这种奢侈、放纵的生活。

像芬一样的生活表面上看起来令人羡慕，但事实上她们精神上十分空虚。一方面她们由于长时间没有参加社会工作，懒散成性，没有一种发自内心的自信及精神上生机勃勃的光彩；其次，她们放弃工作，失去独立的经济能力，被丈夫养在家里，对丈夫具有极强的依赖性，这种经济的依附使她们对丈夫百依百顺，过分地宽容丈夫，在丈夫面前没有独立的人格，造成丈夫的随意放纵，也是造成第三者插足的原因之一。

“衣来伸手，饭来张口”的日子固然吸引人，但人生的价值在于用双手创造一片自己的天地，更何况夫妻若要两情长久，互相尊重，作为女性尤其需要自强自立，不断完善自我，而不能一味依附在男人的身上。有了自己的天地便觉得日子过得充实而有滋味。在获得独立的经济能力，同时你便有了独立的人格，面对丈夫你坦然而自信。

走出情感的漩涡

——现代青年婚恋追求的矛盾心态透视

“只要你没结婚，我就有机会”的现代观念已经被大多数的青年朋友所接受，但同时“抢别人的女朋友是不道德的”的传统观念亦为这些青年朋友所认同。这种矛盾在当代青年朋友婚恋中常会出现，使他们陷入了深深的精神痛苦之中。

一位24岁的龙海男青年林某向铃子热线倾述了他的痛苦：不知为什么，我对我的好友小方的女朋友特有好感，甚至可以说是爱上她了，我几天不见她或没听到她的声音，心情就特别的烦躁，坐立不安的，而且我们特别有话说，一聊起来就滔滔不绝的，所以我很想去追求她，毕竟她还没结婚，有时我鼓足了勇气想向她表白，可是转念之间又象只泄了气的皮球，假若我去追她，周围肯定有很多的流言蜚语，说我抢好朋友的女友，不道德、不讲义气。我的思绪整天在追与不追之间徘徊着，我真的很难受。

随着商品经济的发展，传统的恋爱、婚姻观念正悄悄地产生了一些变化，“抢别人的女（男）朋友”已不再被人们一棒子打死，但要人们无条件地完全接受却还是较困难的。这种新旧观念的矛盾使很多年轻的朋友深受其苦。铃子热线至今为止已接到不少类似林某这样的电话。

在与这些朋友的交谈中，我们发觉他们有个相同之处，那就是他们在叙述过程中都只谈到自己深深地爱上了好朋友的女友（或男友），都是属于感性的，都没有从理性上去考虑双方的性格是否互补、志趣是否相同、人生的价值观是否一致、自己与好朋友哪一个更适合那位女孩（或男孩）。

恋爱中，尤其是婚姻生活中，单纯的感性或是单纯的理性都是不足为取的。只有一定的情感与一定的理性相结合的婚恋生活才比较容易达到和谐幸福的程度。因为婚姻生活是一个漫长的过程，而且是很现实的，她更多的时间面对的是柴米油盐酱醋，若不是以一定的感情为基础，再加上一定的理性考虑，在多变的现代社会生活中，想拥有一个稳定、和谐、幸福的婚姻生活是有一定的难度的。

另外，还有一点必须考虑的是自己的插入对自己好朋友的伤害程度如何。如果好朋友和他的恋人感情很好且彼此很适合的话，自己再插进去，不管是否成功，都会使自己陷入尴尬的状态中：成功，看到自己的幸福是建立在朋友的极度痛苦之上，恐怕也没法心安理得去享受那份幸福，到头来，可能是三个人都不会幸福！

茫茫世界，令自己心动的人不多，如果遇上了且彼此很合适的话，就应该大胆去追求，只是要考虑得全面些、长远些。

善待自己　无怨无悔
——浅议如何摆脱失恋的心理困扰

玉在大学里是校舞蹈队队长，系里的文娱部部长，年年都拿一等奖学金，是个品学兼优的好学生，且长得婀娜多姿，一双清澈有神的大眼睛，特别是当她微微一笑总有一种特别的韵味。每当她从校道走过，便吸引了众多的目光，就是女孩子也禁不住回头多看一眼，这令许多同窗学友都觉得造化不公，把人间所有美好的东西都集中到她身上。的确，她的优秀足以令她骄傲如同公主一般。所以玉的男友龙自然是历尽千辛万苦才追到她。毕业后两人双双分配在漳州。同窗们都羡慕他们有情人终成眷属。毕业一年多，两人还没结婚，因为双方的单位都暂时分不到房子。忽然有一日龙对玉摊牌：他与单位一位局长的千金好上了。虽说这个女孩各方面条件都逊色于玉，但这女孩的父亲能为他们无偿提供一套房子，更重要的是龙可以借助这位未来的岳父调到一个好单位。龙很现实地劝玉趁年轻找一个“实惠”一点的丈夫。

向铃子热线倾吐完故事，玉禁不住像放开闸门的水一样痛哭起来。

“一直以来，我总以为只有我拒绝别人的感情，没想到自己会被抛弃，而且是那个曾经对我山盟海誓的男孩。我不愿让别人知道我失恋了，白天在单位里强做欢颜，晚上独自一个人在宿舍里流泪。我既恨他，又禁不住想他，我真不知如何面对以后的日子……。”

铃子热线几乎每天都会接到类似这样碰到“薄情郎”或“负心女”的失恋故事。是的，失恋是痛苦的，它使人饱尝情感的煎熬和折磨，有人会因而失魂落魄一蹶不振，甚至会走上轻生的道路。一般说来，失恋者会因失去恋人而产生一种怅然若失、怨恨、遗憾等各种综合失落性的烦恼，一方面会理智告诫自己要斩断情丝，另一方面又藕断丝连难以自拔；同时也会因为感到自己被抛弃而羞愧难当，总觉有人会因此而嘲笑她（他）。

要摆脱失恋的痛苦，可以找人倾吐你心中的苦闷，宣泄内心不良的情绪，同时避免到触动恋爱痛苦的回忆的人、物、景中，换个环境或到大自然中去，另外也可以把失恋的事件转移到其他事情，以减轻失恋的痛苦。总之，只有失恋者观念上的转变才是摆脱失恋之根本。失恋尽管苦不堪言，但恋爱只是生活的一部分，还有许多事情等待我们去探究、挖掘，我们没有理由感到失落。另外，许多失恋者以为失去这份爱就不会再有真爱了，其实时间是医治一切心灵痛苦的灵丹妙药。随着时间的逝去，过去的一切都会忘却。且世上没有绝对的爱。因为爱首先是双向、民主且变化的，也就是需要双方共同投入，不能用个人意志强迫对方，另外爱也具有相对性、由爱而生悲、生厌、生恨或走向反面的例子很多，如果他（她）在情感上背叛你，就是设置层层封锁也遮挡不住。“处变不惊，一切顺其自然”应是失恋者自我心理平衡的警言。

最后铃子热线主持人愿把普希金的诗句送给失恋的朋友们：

一切都是瞬息
一切都会过去
而过去了的
就会变成亲切的怀念……

不想结婚

——现代独身青年心态透析

晓圆大学毕业已经6年整了，眼见周围的同学、朋友纷纷步入爱的殿堂，继而结婚生子，父母焦急不已，而她却无动于衷。周围熟识她的人便议论纷纷，有人说她眼光太高；有人说她感情上受过创伤；甚至有人怀疑她有什么缺陷。她对这些都一笑置之，她对铃子热线的主持人说："我并不是他们所想象的那样，我只是不想结婚。"

虽然她没有什么婚恋挫折史，但是周围频繁发生婚变的事例对她产生极大的影响。特别是前几年她的好友与相恋5年之久的男友结婚不到一年，丈夫便有了婚外恋，继而婚姻破裂的情形深深地震撼她的心灵。

"我是个完美主义者，我无法容忍在感情上出现任何瑕疵，周围这么多婚变的事实令我感到心寒。现在有不少女孩把自己的下半辈子的幸福寄托在婚姻之上，我却认为只有自己才是最真实、可靠的。我相信我一个人能走好下辈子的路。"晓圆说。

西方不少发达国家的独身现象越来越多，法国巴黎竟高达50%。近年来中国的一些大中城市的部分年轻人也开始选择走单身贵族这条道路。为什么会有这种现象呢？

过去婚姻大多是一种生育合作社，如今的婚姻则是一种心理文化共同体。在现实生活中，从恋爱到结婚很容易维持这个共同体，但在婚后的漫长岁月里它要求已婚者对异性所有需要都要寄托在配偶身上，如丈夫希望妻子不仅是个贤妻又是个良母，最好还是个情人。而现实生活中任何男性或女性都是很难完全满足对方的需要，且随着时光的流逝，每个人及其他（她）的需要都在不断变化。如：妻子觉得丈夫在机关单位经济收入差，当丈夫下海赚足了钱，妻子又发觉丈夫的时间和精力已由原来关注家庭、自己转移到生意上，并不感到快乐。所以这种需要的变化很容易超出对方的能力。且社会的发展变迁，人们的独立生活能力及自我意识的能力越来越强，现代婚姻面临各种诱惑，经受着各种考验，于是便有许多婚姻发生振荡，产生裂变，人们感叹着，甚至有些人采取回避态度。

婚姻于人类犹如蜗牛身上的沉重的外壳，它必须承担对家庭、配偶及子女的责任，承受婚后多种世事的变更，常令人觉得活得很累，于是便有许多人不愿意戴上这个沉重的壳。虽然独身是个人的人身自由，但是从医学角度，一个结过婚的人比起独身的人在生理和心理上都要来得健康。从社会学的角度，过多的独身者也将影响到代代有序的繁衍生存。作为人都需要安全感和归宿感，选择独身的朋友，当你一个人走累的时候，你也许会重新考虑钻入婚姻这个重壳的。

保持爱情的距离

一年前，阿通在一次偶然中拨打铃子热线，从那以后就成了铃子热线的老朋友，那时他刚开始和小芳相识相恋，每天都一副喜不自禁的模样，恨不得把自己的快乐告诉每一个人，隔三岔五地打进铃子热线，汇报他在小芳身上发现的一个个“新大陆”，今天说她穿连衣裙模样儿有那么清纯甜美，明天发现她的歌声优美动人，几乎可以赶上专业水准，后天又觉得心上人颇具文学才华。小芳简直成了他心中的维纳斯，比如小芳体质较差经常生病，在他看来那是弱柳扶风、别具韵味。可是随着时间的推移，正当两个人好得如同一个人的时候，矛盾渐渐浮出来了，阿通逐渐难以忍受小芳的一些缺点，比如她爱使小性子、做事拖拉等等，原来无比心疼地提到她的弱不禁风，现在开始使他心烦了。如今打进铃子热线的阿通，不再是原来那个快乐的小伙子，经常听到他与小芳因小事而闹出别扭，生出烦恼，甚至说出了分手的赌气话。

在现实生活中，我们经常看到了一些如胶似膝的恋人最终大吵小闹，以分手告终。究其原因，很大程度上是两人走得太近的缘故，两人彼此陌生或不太熟悉的人，出于人与人之间的防备心理，在交往中总是有所保留、有所掩饰，这在客观上为自己留下一个独立的空间，成为一种人际交往中的安全距离。而热恋中的恋人无拘无束，彼此敞开心扉，毫不设防地发现和体会对方，恨不得把整个心奉献给对方，不保留自己的一点秘密，也根本不掩饰彼此的个性和缺陷，甚至发现对方的缺点也能包容，直好至你中有我，我中有你。而实际上，他（她）并不是你，时间一长，或是个性差别，或是观念不同，为人处世的方方面面有所不同，排斥反应逐渐出现，包容心理达到一定的限度，如同吹得太胀的气球，便有爆炸的危险。因此，年轻人在热恋中要提醒自己，保持爱的距离，不要轻易侵入对方的心灵，这样的爱情才能地久天长。

没有情人的情人节

——大龄未婚女性的心理透视

2月14日情人节又快到了。街上似乎比以往热闹了许多。琴透过玻璃窗，望着街上一对对情侣相拥而过，女孩子手里拿着鲜花，脸上尽是比玫瑰还要娇艳的笑容，听着孟庭苇那首《没有情人的情人节》，心里有些伤感。眼前又闪到10年前的一幕，那时琴才20出头，清纯而文静，与陌生人说话时秀气的脸上总带着一朵羞涩的红云，仿若山间悄悄绽放的小百合，令不少男孩为之倾倒。有一天，好友琳为她介绍了一个男友宏，晚上，他们在咖啡屋见面了。咖啡屋里的柠檬色的灯光映衬出宏挺直的鼻梁，有棱有角的脸庞，琴对他顿时有了好感，特别是宏幽默与健谈，更拨响了琴的少女的心弦。宏也挺喜欢琴的秀丽与清纯，很快他们又见面了。这次他们是在公园一个幽静的角落的石登，四周偶有一两对情侣走过。宏用炽热的双眼看着琴，令琴羞涩得满脸通红。在宏眼里，琴的脸红像苹果一样使她变得更可爱。于是他情不自禁地拉住了琴的手，琴第一次被异性接触到双手，立即像触电般抽了回去……。“宏竟然是这样轻薄无礼的人，这样的人岂能托付终身？”琴心想。当宏再一次约她出来见面时，琴拒绝了。电话里，琴听出宏很失望，琴也有些不忍心，毕竟宏是个很优秀的男孩。但是琴认为自己是一个自重而保守的女孩她是不能与这样的男孩交往下去。可是没想到从此以后，琴的心里再也抹不去宏英俊的面孔。虽然后来她听说宏有了新女友，又后来听到他已结婚了，但是无论怎样琴再也容不下哪个男孩了。

"也许是曾经沧海难为水吧"。琴略带忧郁地说。

像琴这样的大龄姑娘一般身受双重心理折磨：一是渴望得到爱情的急迫感和久求不得的挫折感的自我折磨；二是父母、亲友的催促，同事间的闲言碎语所造成的环境折磨，时时压抑着大龄姑娘，使她们处于意识上的好胜与情感上自卑的矛盾之中，慢慢地就会形成隔离、封闭、迁怒等不良的心理特征。

那么，大龄的姑娘们应如何早日获得爱情呢？首先，应树立正确的爱情观。"金无足赤，人无完人"，爱情也没有十全十美，不要过于美化、苛求爱情；也不要沉缅于过去的爱情；其次，应放下自尊。不少大龄青年由于年龄越来越大，她们变得清高、孤芳自赏，过于自尊。在外人面前，她们不屑谈论婚恋问题，甚至有人想为之牵红线也因她们的自尊而遭到拒绝，因此她们失去了不少结识异性的机会；另外，也应积极为自己创造机会，扩大社交圈。随着年龄的增大，昔日的朋友们都走上了婚姻的殿堂，她们不愿与恋爱中或有家庭的朋友交往，久而久之就习惯于独处，殊不知她们这种封闭的性格造成她们缺乏与异性接触的机会。因此，应积极参与社交活动，在活动中展示自己，结交朋友。

你的爱神之箭欲射向何方？

——现代知识女性婚恋观剖析

随着社会的发展，那种"嫁鸡随鸡，嫁狗随狗"的婚恋观已被大多女青年所摒弃，特别是新一代的知识女性，她们的婚恋观上更具有独到的见解和时代的特征。

冬子今年已 27 岁，法律专业毕业，现在某律师事务所工作，由于她的敏捷思维和流利的表达以及勤奋好学，虽资历不深，却已办了几件颇为出色的案件。一个星期日她偶然间看到《闽南日报》的“铃子心灵驿站”栏目，便随手挂电话过来。原来虽然她已毕业4年了，却依旧形单影只。母亲十分焦急，逼她去相亲。见面之后冬子的第一个念头就是离开那位据说条件不错的先生，祈愿不再与之见面。母亲又是叹息又是唠叨：“女孩要到了30岁，那可就麻烦了。”

“难道您不想交个男友结婚吗？”主持人问。

“其实我也不是个独身主义者，尽管我自认为在其他方面还算得上是个走在潮流前列的现代女性，但在婚恋上我却是个保守派，我和许多女孩一样，把婚姻看成生活中很重要的一部分。现在有些年轻人对婚恋抱着一种‘不求天长地久，但求曾经拥有’的态度，我无法苟同。”

冬子向铃子热线述说她的经历和一些观点：念大学时，眼见宿舍的女伴一个个手挽护花使者花前月下，卿卿我我，冬子依然故我，独来独往，一方面她认为自己的思想还不成熟，更重要的是将来的毕业分配天南地北的现实，她觉得无法承诺起这份感情。感情不是一时的激情和冲动，而应是一种长久的厮守，冬子始终这么认为。工作后的她努力使自己适应新的工作，也努力调整心态去适应这个社会，只是对于自己的婚姻，她始终坚持初始的观点。

“那么您心目中的白马王子应是什么模样呢？”

“我觉得任何理想中的形象与现实总是有差距，很难具体描绘。不过总的说来我首先注重与对方的情感交流是否默契，能否擦起爱的火花，其次个人素质要高，有较强的适应力和创造能力。虽然，在这商业氛围越来越浓的社会中，没有物质为基础是不现实的，幸福的婚姻应是物质与情感的最佳结合。而良好的物质条件则是靠两人的智慧和双手去创造的。”

冬子的见解代表着一大部分知识女性的婚姻情况，她的遭遇也许也是许多知识女性的遭遇。

在旧的年代里，大部分女性十分注重婚姻，并企图通过婚姻来改变自己的命运，认为“男人只有一次投胎的机会，而女人却有两次，那就是通过婚姻。”而现代的知识女性一般受过高等教育，自主性和独立意识较强，上进心也强，事业上获得较大的成就，无需凭借丈夫的成功来自我满足和炫耀，而是特别注重对方的个人素质和情感交流，且商品经济的发展也促使她们面对现实，不再追求虚无飘渺的“柏拉图式”爱情。这种物质与情感相结的高标准的学代的青年男性造成较大的压力，促使他们不断地提高和完善自己，更说明了现代的知识女性已挣脱了封建社会的“夫贵妻荣”的陈腐观念，自强自立，是女性地位的提高，更是社会文明进步的体现。

作为年轻的现代知识女性充满幻想，自信，正处在含苞欲放的大好年华，在事业春风得意，有独立的经济能力和对生活独到的见解，她们有权力选择和追求美满，幸福的婚姻。但是“金无足赤，人无完人，”作为充满魅力的知识女性更应把握时机，抓住主流，追求真正属于自己的幸福。

他为什么总是忧心忡忡

——焦虑性神经症分析

小俞大学毕业，他分配至一家科研单位，刚到不久，便有一个他专业对口的科研项目。由于负责比项目的同事调离了单位，单位领导在研究之后决定让初出茅庐的小俞承担下来。经过千个日日夜夜的潜心研究，小俞提早半年完满完成，从此小俞成了单位重点培养对象。事业上蒸蒸日上的他爱情上也是春风得意。经人介绍他认识了中学当老师的女友小郑，情意相投正准备结婚。爱情事业双丰收的小俞不禁感到生活是如此美好。但是从去年起，他忽然发现自己总有莫名的焦虑，常有一种说不出的紧张与恐惧，整日忧心忡忡。比如上星期单位工作向每个职工发了一双皮鞋，小俞拿到皮鞋一看左脚有一裂缝，他当即找到工会主席，工会主席答应过两天到鞋厂拿一双好的换下。但小俞总担心工会主席会忘掉或鞋厂不肯换。从理智上他也知道这种可能性不大，但是无论如何，他的脑子里总有这种担心和忧虑，平时小俞常看心理书籍，他知道自己可能有心理障碍。这样，他便又担心起自己会不会哪天失控而精神错乱。他整日情绪低落，坐立不安。于是他向铃子心理热线询问答案。

小俞得的是焦虑性神经症。焦虑是人们社会生活环境中对于可能造成心理上的冲突或挫折的某种特殊事物或环境进行反应时的一种反应状态。任何一个正常的人一生中不会没有一点焦虑，但正常人的焦虑一般不会反复出现，即使出现也因为确实存在“危险”在前面。而焦虑性神经症往往说不出原因，不受理智支配反复出现焦虑和不安，这种心理病人的主观感受多为：心悸、心慌、忧虑、担心、愣神、沮丧、灰心、自卑等。

对于焦虑性神经症治疗方法有药物治疗和心理治疗，在心理治疗上心理热线向小俞建议采用认知疗法，也就是解释和说理的方法让小俞认识到自己种种顾虑是不必要的，就算真有什么危险，人本身就有一种面临场应变的能力便能“逢危化吉”，要有一种车到山前必有路的思想观念。其次，等出现焦虑时可采用验证保证的方法，坚信某个事物对自己无害，树立信心，可把焦虑的事件及原因列在纸上，然后逐一否定，虽然最重要还是要充实生活，培养豁达、乐观的个性，人而提高抗焦虑能力。

珍惜生命

——议失恋后自杀心理调适

凌晨两点，电话铃声中传来阿明忧忧的道别声：“我走了，我要到很远很远的地方去！很远……”我骤然紧张起来：“阿明，你要到哪里去？发生了什么事？为什么说很远很远？”我一连串的急问，对方却突然挂断了电话，我的心悬在半空中……。

下班回到家已是凌晨 4 点了，我疲倦的刚躺下，电话铃声提醒我，是阿明的电话：“我活得好累，好痛苦，她不要我了，然而在这世上我只爱她一个。如果这星期六 12 点，我还接不到她的电话，这涛涛长江之水将是我的葬身之地，我现在就在南京长江边上给你通话。”

“阿明，天涯何处无芳草，你失去了一个人的爱，并不表示失去了所有异性的爱，爱是不可勉强的，你首先分析自己失恋的原因，为她着想，因你不合适于她，现在分手是好事！失恋人生十有八九。歌德在失恋后把他破灭的爱情当素材。写出了震撼世界的名著《少年维特的烦恼》。”我想将他似是而非的人生哲学中撬开一道缝。

“人活着是为什么？对别人、对社会的责任感。人活着，当然要满足自己的一些需求和欲望、情感、维护自身的某些利益，但如果对别人、对社会不负责任的话，人随时都可以因为生活中的打击挫折而去死，这种人精神世界狭小、脆弱、不堪一击，既然你没有责任感，那么对于社会也就没有责任感，那么对于社会也就没有价值！那你就去死好了，我决不同情，”我决定不去安慰他，给他一点“强刺激”走出目前的困境，打破封闭的思想，重新考虑问题，超越痛苦。

“你太自私了，你只想从痛苦中解脱，你怎么没想到你这样做给父母留下了多大痛苦，所以你没有选择死的权利！人生需要一个雨季，始终是晴天的话，这一辈子能成熟吗！阿明，回来吧！”……

“不，我一定要等到她的电话才回去……”他的口气软下来，电话又挂断了。

一眨眼，已是星期六了，11 点刚过，我像一个即将被判死刑的罪人在等待宣判，如果他出了意外，那是我咨询的失败，我无法原谅自己！12 点电话铃声响起，我狂奔过去抓起了电话：“是阿明吗？……”几天的寻找失败，担心，痛苦，泪水奔涌而出，我失控的声音震撼了他，静默了几秒钟，他感动地说：“我与你素昧平生，你为什么要对我这么好？……”

自杀是出自本人意愿用急剧手段结束自己生命的行为，失恋者由于自卑、悲观、厌世、空虚、羞辱悔恨等情绪十分强烈，想解脱各种心理负荷，便容易导致自杀。阿明从小生活在优越的环境，父母只有这个儿子。十分溺爱他。从没受过任何打击和挫折。性格内向的幼稚心理不成熟。由于失去对方的爱情，而这种爱又是其他感情所不能替代的接受的绝望感和一时的孤独感，虚无感是失恋瞬间常见的心理反应。我们应帮助他提高内涵的价值。克服爱情至上的观点。要知道爱情是重要的，但毕竟不是生命的全部，人生更重要是对理想事业的追求探索。

生命的意义，一个有了某种信仰，才能战胜常人不能想象有困苦、打击顽强地活下去。没有意义的生活是难以忍受的。没有价值情感的生命是苍白的。所以我们应尊重生命。

开辟一方新天地

——自卑心理的调适

小唐毕业于福州建筑工程学校，毕业后被分配到工地实习，可来到工地这个充分显示男子汉阳刚之气的地方，他才觉得这个建筑专业职业选的是大错特错了。他对铃子咨询员诉苦，“我忽视了本身条件和人们对我的接受程度。甭说理想抱负，就连一般重活也干不了。我为什么活得这么窝囊？我也觉得自己自卑思想严重，但又摆脱不了这个阴影，工友恶作剧，专门出我的洋相，我怕人注意，更怕与人交往。”

“在工地同工人的适应过程中，人们的行为观念是脱离不开当时的客观环境条件的。他们要求你同他们一样，无论是语言、外貌还是行为举止。工地又是聚集着雄性力量的群体，从条件看你缺乏的就是这种外在力量，因此，自然引起人们的注意和调笑。在这种情况下，你如果没有这种心理承受能力。不是扬长避短，审时度势，而是自我颓废，用别人之长比自己之短，越比越觉得不如人，最后陷进自卑中难以自拔。世上所有成功的人物，究其实际都不过是充分发挥了各自某一方面的长处而已。其次我欣赏一句话：“别人对你的态度，都是你自己教的。”一个人如果总是毫无道理的受人欺负，那么最重要的原因是与你的怯懦有关。于人会助长其不良的品性。于己，自我的应有尊严和正当权益受到侵害，因而结果只能是：别人轻视你，你自己也会看不起自己，更加自卑。

如今社会上有很多刚出校门的大学生，他们在新的环境中迷失了自我。颓丧、悲哀、自卑、尴尬。主要问题是因对生活环境的变化以及在新集体中位置与角色的不适应。引起自我评价降低，强烈的自尊心与自卑感的尖锐矛盾冲突，导致了心理失衡。

是的，在我们生活中，总会遇到种种失败。一时间会让人感到似乎所有的道路都堵塞了。

根本找不到出路。其实大学生，有理想有抱负，有干好工作的资本，那就是几年寒窗的苦读，而且年轻，还有一样的最宝贵的东西——信心。并且紧紧地握住它，谁就会在艰难、尴尬中平添一股勇气，一般无所畏惧的力量。就会觉得脚还踏在土地上，血还是热的，路还没有完全断绝。闯下去，拼下去，一定是一方令自己都感到无比惊讶的新天地。

风物长宜放眼量

——浅谈嫉妒心理的矫正与调适

电话铃声响过以后，一位求询者向我讲述了他的故事。

“我师范学校毕业后，与同窗好友一同分配到一所中学教书，三年后同窗好友晋升为学校领导，而我还默默无闻地在原工作岗上继续教书，为此心里一直不愉快，酸溜溜的，有一种难以名状的失落感。与之相比，我并不懒惰，也不庸俗，更不少才干，为什么活得没我同学出息，说心里话，在学校读书时，他还不如我呢！”我在电话里回复这位求询者：“人一生的能量只能供他攀登一次高峰，后来的山峰就是这座峰的延续和补充。当你们同时考入大学时，可以说是同一个起点，但并不意味着会拥有同样的将来。待融入社会，无论你当初在学校如何比别人强，你都必须有一个适应过程，所谓：适者生存。重新确立人生坐标，才能让别人认同你的工作能力及生存价值。当然，‘是金子总会发光’。但还要靠机遇。对于你的同窗好友晋升，心里不好受产生了嫉妒，这是人类一种较普遍的心理现象，想通过贬低别人来求得自己心理上的平衡，这会一害他人，二害自己，你会把别人的成功，变成对自己的压力，经常烦恼，沮丧不愉快的心境会使你的神经系统机能严重失调，导致多种疾病发生。所以希望你能向自己不健康心理挑战，调整自己不平衡心态，承认事实，变不服气为立志气，激发竞争意识，赶上好友，超过好友。”

嫉妒，是人类心理结构不完善的一种表现，历史上曾记载了无数妒贤嫉能的典型例子。战国时期的孙膑与庞涓是老同学。庞涓嫉恨孙膑的才能比自己高，于是向魏王进谗言，搞诬陷，剔去了孙膑的膝盖骨。再纵观今日，只要是嫉妒之风盛行的单位，人际关系必然不良，人才必然受到压制，流言蜚语四起，扰乱工作、生活秩序，这一切引发的后果，将成为社会发展的阻力。

人都需要有开阔的胸襟，要有“天生我才必有用，莫道天下谁人不识君”的自信。要知道世界大得很，成功之路多得很，努力地去干一番事业，调整一下不良的心绪，属于自己的天地就会大为开阔。要允许别人超过自己，要善于与自己强的人和睦相处，合作共事，这才是真正的君子风范。

是谁造就了谁？
——浅谈依赖心理的调适

小迪走出办公室，正赶上篮球比赛结束。打完球的人们迎面走来。小迪对走在前面的小伙点了点头，小伙子脸上一副莫明奇妙的尴尬表情。啊，该死！为了好看而不愿戴眼镜的她又认错人了，她不好意思地脸红了。然而正因为这次邂逅他们却成为恋人。一日他骑上她的新摩托车去玩，因违反了交通规则，车被交警扣留了。他打电话给小迪，让她想办法去取出来，她不禁连连顿足：“唉，好一个窝囊的男友，自己出了事却找我想办法。”转而一想，也许他是外地人，认识的人少，罢了也就消气了。后来此类事件经常发生，什么事他都让她想办法出主意，而她也一直为自己能扮演有主意的小男人而欣喜。有一回，男友提前下班到小迪家，正赶上小迪不在家，小迪母亲旧病复发心口疼得死去活来，他急得六神无主，但最终还是做出决定！速把小迪找回来。他拨了无数个传呼。待小迪大汗淋漓跑回家，病人连哼哼声都发不动了。小迪极度冲动地对他嚷道："你到底还是不是个男人？这么事关人命的事，你都不能自己拿一次主意！"他诧异地张大眼睛望着她，她却从他脸上发现了许多属于女性的东西。她颓然跌坐在椅子上，心想，究竟是我造就了他的女性化？还是我原本喜欢这种女性化？

她对铃子咨询台的主持人说："我也知道凡是皆有和谐，也一定有阴阳相配，刚柔相济——不管是本色或'异化'，然而我现在想做一个十足的女人，我不要做小男人。要不是我有长长的头发，高耸的胸脯以及诸如此类的女性特征，我完全可以代替理应属于他的角色。我活得很累，我已预感到我与男友的关系岌岌可危，除非他重新被造就成一个男子汉，否则我们只好分手了。我实在希望找一个有主意能让我遮风挡雨的港湾。"也许是和平年代难以使男子显示出英雄本色的缘故，男子似有退化的趋势，否则为什么诸多领域里居然竞相出阴盛阳衰的局面呢？有些女性因无从充分展示自己的特点而变得日益男性化，于是有些男子也似乎愈发有理由女性化起来。"

其实小迪男友这种依赖性缺乏主见，这虽然与他从小的生活环境有关，但更重要的是与小迪过分要强也有关系，日久天长，习惯成自然。世上什么事都是相辅相成的，如果她能多给男友一点机会，多鼓励他遇事自己去做主，也许就不会造成今天这种局面。在心理学上依赖性人格异常的人表现为：一让自己拿主意时感到不知所措，第二理所当然地认为别人比自己强，第三无意识地倾向于以别人的评价看待自己。要彻底矫正依赖性，首先必须重建自信。什么都不可怕，可怕的是丧失理念，跟着别人的感觉走。

控制心灵上的水闸

——议受打击后的心理调适

黄昏以后，夕阳柔丽的景色便逐渐褪色了。这时烂漫的霓虹灯已闪耀在夜市的每一个角落里。大街通衢，车如流水、人若江鲫。秀，在返回家的路上特别愉快，嘴里哼着不成调的歌，开着中巴车奔驰过来，前面转弯即到家了，家中爸爸妈妈一定早把饭做好正在等待好啦！秀是家中的独生儿女，父母视她为掌上明珠，想到这里脸上幸福的微笑还未褪下，突听车身后喊声，她几乎来不及判断，踩油门，来了个急刹车，打开车门跳下车，第一个反应即是出了车祸，血，地上红红的鲜血，再一看自己驾驶的中巴车后轮下躺着一个人体——一阵天昏地暗，秀如遭雷劈，头脑中一片空白，顿时呆若木鸡。也不知隔了多久，她一头栽了下去……待醒转来时，白色的墙壁白色的人影告诉她已经躺在了病房里。

虽然这起肇事车祸与她没有责任，然而是自己开车压死一条人命，她开始了灵魂深处的痛苦挣扎，她伤痕斑斑的灵魂不断地受着煎熬磨砺淬火锻打。从此她沉默寡言，不再微笑，她的心坠入了冰窑。冷极寒透。于是在内疚痛苦的心情下，她拨通了铃子咨询台电话："我是凶手，我压死了一条人命，虽然法律没惩罚我，然而噩梦却折磨得我几乎崩溃，夜夜梦见自己喉咙被人卡住，极度惊恐喊不出，动不得，噩梦醒来，总感到不是滋味这样下去，我真不想活了，救救我好吗？""解铃还需系铃人，我救不了你，必须自己救自己。首先我想说：车祸既然与你没直接责任，死者是因违反交通规则而死亡，那是一个意外，天有不测风云，即使不是你的车压死了他，也会是另一辆车这样说不知对否？关于做恶梦在心理学上这与日有所思，夜有所梦，只因这些心理异常现象出现是在突发事件打击下，人内部调节功能不能应付外面的突变而产生调节功能的失调，如同大堤上的水闸，在一般情况下，我们可以通过调节水闸来控制水的正常流量，但如果上游发生水灾，水的流量超过大坝所能控制的程度就对大坝造成危害，而且这种危险的大小随洪水的大小而变化，突发事件越严重来得越突然，越出人意料之外，对人打击，对人心理上的冲击也就越大，严重的可以造成精神病"。

噩梦，只因白天受到强烈的情绪压抑，突发事件的打击，生活中困境的特殊描绘。所以只要摆脱生活中的紧张感和压抑感，消除矛盾冲突，要知道生活中难免有不快的事情发生。出现精神压力也难免，有了不快，遭到压力及时疏导就是了。大可不必放在脑中折磨自己。一位外国心理学家说得好："人应当鼓起勇气，敢于斗争，自觉正视自己性格上的缺陷或心理上的矛盾，自觉减少矛盾冲突，从而使自己从打击中恢复过来"。

秀通过几次咨询。她减轻了内心重负，徐徐吐出一口淤积之气，感激我们帮她搅动了心底欲将死去的水波。她又开始恢复了活泼可爱个性。

勇于在逆境中奋起

——兼议挫折心理的调适

人生好似在大海中航行的船，不停地与风浪搏斗。一会儿大浪把你推向浪尖，一会儿又把你打入海底。只有在逆境中自强不息，拼搏不止的人，才能成为一名生活的强者！

小尹读书不多，天生有一个做生意的脑子。初中毕业后，他跟随他人南来北往经营蔬菜瓜果，全国大江南北都留下了他的足迹。有一年佳节临近，因生意上的事不能返家的小尹在与家人通话中因声音低沉，让家人误以为他在哭。其实是因天冷从小生活在南方的小尹，由于衣服单薄被冻得只能用发颤的声音在通话。八九年来历经了人间艰辛，小尹终于闯出了自己的一条道路，成了一个有百万资本的生意人。接踵而至的是漂亮的女朋友、大群的崇拜者。生活对小尹充满了阳光，为了表达自己的感情，小尹为了女朋友可以一掷千金。不惜自己辛苦所得的资金。他们的感情温度也日渐升温。

然而天有不测风云。在一桩更大的生意中，小尹投进自己全部资本和新的贷款，生意却失败了，一败涂地。为了还贷款，他卖掉了房子、摩托车。八九年艰辛的奋斗心血付之东流。小尹又变成了一文不值的穷光蛋。相继而来的是女朋友提出分手，从小最疼爱他的父亲，突然脑溢血去世，母亲因此而精神失常。老天好似有意捉弄人，它把坚强的小尹逼上绝路……！

在他最失意最落迫的时候，他打进了铃子咨询热线电话。我成了他倾述苦水的对象，同时也被他的命运深深震撼。同情、理解、鼓励成了我们生活中通话的主题。我直观的确信，他是个能重新爬起来的强者。正如他所说："有万分之一的希望，我也要在生意上重新开始。"我期待着这一天。通电话与热线主持人交流成了他生活中的一种寄托。

时间流逝，我们成了电话中无话不谈的朋友。他何时何地，到什么地方，谈什么生意，我全知道，我也开始为他分忧，帮他寻找出路，给他提建议。机遇总是垂青那些孜孜不倦的拼搏奋斗者。经小尹的努力，他又开始与朋友合伙接了一桩生意，他从零又开始了创业！

生活不可能永远一帆风顺，只有经历搏击风雨的艰辛才能体会成功的价值。在你失意的时候，别忘找知心朋友寻求帮助。也许，小尹的经历该让我们悟出点什么！

雨后又是艳阳天

——兼议遭受不公平际遇后的心理调适

走出铃子直播间，看着街上川流不息的人群，我却不知小肖现在是否正穿梭于其中，他在这座城市立足的梦想实现了吗？

几个月前，小肖来到这座繁华美丽的都市的时候，他对自己在这座城市立足扎根充满了信心。当他收到在大学中联系的公司要求面试的信件时，他义无反顾地南下了。在公司接待室里，他用自己的学识和机智击败了众多应聘营销主管职位的竞争者，受到了主聘人员杨小姐的赏识。正当杨小姐把履历表给他的时候，这时进来一位学者模样的中年人，介绍了才知是总经理，他们用本地话交谈一阵后，总经理说："你下个星期听消息吧。"然而等小肖再去的时候，营销主管这职位却已有人在干了。正当小肖一脸茫然地走出公司大门时，杨小姐快步从后面赶来："喂，小肖，别难受，实话告诉你，不是由于你自身原因，而是这次招聘职位的人选早已内定好的，竞争只是做给外边人看的，我建议留下你，可是……"杨小姐摊开双手做了个无奈状。郁闷和不平迅速向小肖袭来，此后他漫无目的地走在大街上，心中充满了屈辱、悲愤的感觉，后来他拨通了铃子热线。他对我说他觉得这个社会对他太不公正，这件事已使他彻底丧失了在这座城市立足的信心，他已准备北返了。

对于遭受像小肖这样的不公正际遇，每个人都会感到愤怒、失望和沮丧。社会既存在不良风气的消极面，也有积极的一面，这需要我们去看社会的主流，绝不能以偏概全，因只看到了社会的某些消极面，从而丧失自己奋斗的信心。社会中的不公正际遇毕竟是少数，大多数还是公正的。作为小肖，应坦然地去面对这一切，意识到这件事从另一方面来说也证明了自己的能力，从而增强对在这座城市找到适合自己的工作来立足的信心，而不是放弃。不要让客观上的不公正际遇影响到自己主观的情绪。心理学上有一种“自验预言”的说法，其含义为，在有目的的情境中（如求职），个人对自己所预期者，常在自己以后行为结果中应验。简而言之，即“你如果期待什么，你就能做到什么。”如果你能坚定自己的志向，把不公正的际遇转化为激励自己的动力，锲而不舍地奋斗，你就一定会实现心中的理想！

接受自己　接受别人

一滴水也能折射出太阳的光辉，每一个生命个体都蕴含着闪光点，我们没有理由妄自菲薄！为多彩的生活寻找一个属于自己的人生坐标吧，相信“天生我才必有用”！

本期请看《接受自己，接受别人》　　——编者

一个雨夜，接到A君的电话，他告诉我他很苦恼。四年前，他大学毕业后直接分配到某工厂上班。一开始便下车间工作，堂堂大学生所做的工作竟然和小学或初中文化程度的普通工作一模一样，心理感受特别糟糕。他原以为在车间里好好干上一两年便能调整工作岗位，没想到努力工作的结果是直到现在还没改变现状。于是，他便情绪低沉，振作不起来，在单位里不去积极进取，得过且过。后来，为了寻找能体现自我价值的新生活方式，也尝试着跟别人合作下海经商，但水性不好，亏本了，欠下一笔债，为了尽快还清债务，他又随着“股市热潮”加入股民队伍，但心态不佳，技术不精，忙忙碌碌终归持平。目前，常常自怜自叹，认为自己是微不足道的，干不出什么名堂来，既无金钱也无地

位，总在徘徊中思索“到底我有什么用?!”眼看着同学、朋友一个个成家立业，而自己呢。一无所有！“难道就这样一辈子当个普通工人吗?”“我真是太无能了！这世道也太不公平了!”他陷入了自卑的泥潭，变得沉默寡言，常认为别人都会看不起他，于是对人处处设防，不信任别人，把别人的关心当成是廉价的同情，渐渐地疏远了同学、朋友。

类似A君的情况，在现实生活中你是否遇到过？这在心理学上称为“闭锁心理”。这表现为个体放弃外界接触的意向，处处拒绝与他人沟通，把自己关闭起来，锁在一个小小的个人空间里，究其原因，A君既不能接受自己——认为自己一败百败，喜欢给自己贴标签“我真无能！我真没用!”也不能接受别人—把自己目前的状态不好归因于处境，认为要是能换一下工作岗位，心情就能好起来，可以做出些成绩来。因此，A君便笼罩在失败的阴影中，不敢昂头面对现实，生活在烦恼之中不可自拔。

实际上，人生的道路不应完全取决于境遇，要懂得与环境抗争。只有那些无论在什么环境下都充满朝气，积极进取的人才是幸福的”无论发生什么事，都不要自贱，要不要甘当命运的奴隶。人最困难的不是理解别人，而是发现自我。因此，我建议A君尽量挖掘自己的优点，或尽快学习一门技术，找到“英雄用武之地”打破自己设置的心灵的枷锁，走出寂寞干涸的枯井。

亲爱的读者朋友，您对此类问题是怎样看待的呢?

车到山前必有路

——当代大学生求职心理分析及思考

大学是一方净土，是伊甸园，大学生在此度过了人生中最美丽而浪漫的时光。可是当踏出校园的那一瞬间，大学生的心中不仅仅是对校园的眷恋，更多是对未来的茫然—能否找到属于自己的那个位置？如何协调理想与现实的差距?

帆是本省名牌大学生物系的应届毕业生。在校时，帆是叱咤风云的人物，曾连任两届系学生会主席，而且还是校报刊的撰稿人。校园的广播和光荣榜上经常出现他的名字，被公认为不可多得的才子。可就是这么一个才度过了一帆风顺的大学四年时光，却在找工作时经常碰钉子。且不说他光顾过多次人才市场，也不说他跑了多少家单位面试、推销自己，就说有这么一次，帆费了不少心思到处搜集了一些与他专业扯上边的单位的电话号码，他挨家挨户地打电话询问，电话那一端态度稍好的就是不冷不热地说上你两句，态度较为恶劣的就趁机损你两句，许多话令平时听惯了赞誉之词的帆心理上难以接受。到后来，帆几乎没有勇气再拨打下去。至今他还没有找到工作，在鲜花赞誉中成长的他第一次茫然不知所措，他对铃子热线的主持人说：“我真不知道未来等待我的将会是什么？”

近来正是大中专毕业分配的时期，像帆这样在求职中受挫而拨打铃子热线的例子屡见不鲜。那么应如何对待这一现实问题呢？首先，求职的毕业生应放弃天之骄子这一优越感。求职时人人平等，一张大学文凭固然是你的资本，但你的能力特别是你在求职过程中与用人单位的交往也尤为重要。因此在求职过程中应及时调整自己的心态，学会顺应社会环境，较和谐地处理与用人单位的关系。其次应树立信心。一次性就能找到满意工作的机会不多。因此不要因一时受挫而“病急乱投医”，保持冷静的头脑和自信是十分必要的。最后要学会将自己的眼光放长远些。能找到稳定、待遇好的、专业对口的工作固然是件好事，但并不是好的工作就十全十美。在一些热门的单位里人才济济，有时反而限制你的能力的发挥。而一些暂时未被看好或较小的单位或许更能淋漓尽致体现你的自我价值。马斯洛的需要层次理论认为自我实现的需要是人类最高层次的需要，因此在求职过程中不能把眼光放在眼前暂时的物质利益上。因此，大学生在求职过程中要善于把自身的条件与社会当前的人才需要相结合，缩短现实与理想的距离，把握每一个机会，相信车到山前必有路！

职业女性应扮演好双重角色

玉子原是个好强的女子，大学毕业后，在岗位上对工作十分投入，使她在工作十分的投入，使她在工作上从陌生到驾轻就熟，也赢得了领导的器重，同事的尊敬。就在事业上欲展风帆的时候，玉子结婚了，且有了一个可爱的女儿，于是烦恼接踵而来了。玉子休了一年的产假，整天周旋于奶瓶、尿布和灶台间。重新上班时，她发现自己的精力已难以胜任原来的工作，只得申请调换另一个工作，在轻松却也乏味的新岗位上，玉子不禁有了一种失落感，她只得不断地安慰自己：孩子只有一个，母亲对孩子的教育和影响是谁也替代不了的，等孩子长大一点，那时再重振旗鼓。可是女儿渐渐长大，事情反而更多了，今天带女儿学钢琴，明天学画画，整天的活动日程都离不开孩子。玉子感到自己渐渐与社会脱节，新的知识无法扩充，原有的知识日渐老化，长此以往，终有一天会被这个日新月异的社会所淘汰，玉子在焦虑中拨通了铃子热线："你说，我得到了一个聪明可爱的女儿，却失去了自己，值吗？"

"玉子，其实你自己也有答案，的确不值。试想，国家培养一个大学生不容易，要花费大量的人力、物力和财力，这样一个人培养出来了，其主要精力用于培养一个孩子，等于把自己降为一个家庭教师。其实，家长在孩子成才道路上所起的作用，主要在于言传身教，潜移默化，给孩子创造一个良好的家庭氛围，而非保姆加教师式的全付精力投入。况且，当你只顾孩子而不顾自己的事业，以一个了无成就的失败者形象，又怎能给孩子树立成才的榜样？"

在人生的舞台上，职业女性扮演着双重角色，既是一个母亲，又是一个独立的人。在干好自己的事业的同时，还要教育好子女，认清这一点，你就能在人生道路上轻松前行。"

浪子回头金不换

——一位失足青年的忏悔心迹

什么是好人，什么是坏人，这是我在咨询工作中，遇到比较难于准确回答的问题。然而电话对方却咄咄逼人。非要我回答这个问题。我只好肤浅地说："好人与坏人没有绝对的划分界线，好人也有犯错的时候，坏人也有良知复苏，浪子回头的时候。因此做人，尽量多做好事，少做坏事。"我不知回答是否使他满意，忐忑不安的等待他的评价。

"你相信报应吗？"

"相信！"

"不对！"我的话还未讲完，就被对方无理粗暴地打断。

"我父母一生老实、善良。可他们生下我们这种丑陋不孝的两个儿子。现他们已 70 多岁了，却让我这坏儿子搞得无家可归。为什么报应在他们身上，而不是在我身上！"

"我坐过三次牢，第一次把敢惹我的人打成残废。被判了三年。出狱后，我开了一家皮包公司，走南闯北地骗取了 80 多万，我用这些钱吃喝嫖赌，却从未孝敬过父母一分钱。我可以一夜之间一掷千金，纸碎金迷。被我骗的人有跳楼的，自杀的。为此我又两次坐牢。我父母为了保我出狱，把家中祖传下来的房子也抵押变卖了。如今只有借住亲戚房子。"

我控制住自己的厌恶情绪，聆听一个罪恶灵魂的自白。

"我禽兽不如，坏事做绝。然而今日在父母的哀求泪水中，我想做好人，但谁也不会相信我！我诚恳地对他说：你今天能向我坦露灵魂深处的黑暗面难能可贵，古人说：浪子回头金不换。做好人并不难，难在于没决心，没信心。只因你做坏事太多，给人们留下了极坏的印象。所以你比他人难。要改变你在人们头脑中坏的形象，你必须付出艰苦漫长的时间和代价。重新树立起一种新形象。"

"你能相信我吗？我可以与你交个朋友吗？"生命中庄严在燃烧，

他需要信任，需要朋友。他内心是脆弱的。我冷静地考虑几秒钟，坦然回答道“当然可以，但你必须用行动让我看到希望。”他向我述诉了十多年前的往事……

小A十三岁在上学时，在全国打击刑事犯罪分子活动中，他的兄长被镇压。天生老实矮小，身高不足1．60米的小A，从此被人侮辱、嘲笑、欺凌。他还不能明白是怎么回事，来自整个世界的压力，使他抬不起头。他怨上帝怎么这样给他安排了一位恶贯满盈的兄长。使他受尽歧视。他错误地选择了一条改变处境的道路。成了方圆百里的流氓、恶棍。他把生命置之度外，谁惹他，他就狠毒地拼命大打出手。

面对这扭曲的心灵以及他忏悔的言语，我不知与他的一席话能否起什么作用。然而，在以后我又接到他的电话，他告诉我现已在某公司打工，他要靠劳动所得养活自己与父母。

沟通，它将可以把人与人之间的距离拉近，真诚足以打动每个人的心。我们成了在不同环境、不同层次却有话可谈的朋友。他每艰难地跨出一步，都带着我的鼓励与嘱托。人生是美好的，新生活的曙光正迎接着小A……

修正理想和现实的距离

小英是一个工科大学生，但她从小的愿望是当一名歌星，现在这个愿望已成为她愿为之奋斗的理想，她固执地为这个理想付出努力和代价，她的学习成绩下降了，将自己的歌声辗转求售于音乐界甚至于夜总会歌舞厅而不得，连续补考又不及格，终于面临着不得不离开校园的危机。她觉得自己是世界上最不幸的人，痛苦之余，她拨打铃子热线倾诉心声：“他们总是说我的声音条件不适合当歌唱演员，但我对唱歌有巨大的热情和兴趣，我愿为声乐事业奋斗一生。难道我不甘平庸是错的？难道我追求理想是错的？”

“首先，你是一个大学生，相对于大多数同龄人来说，你已经是幸运的人了。作为一名大学生，学习是你的任务，是你一切理想的前提，也是你当前最美好最合适的生活方式。

其次，你要有一种实事求是的态度。成为歌星，并不是每个人通过主观努力就可以做到的。就像一些音乐界人士所说的，你的声音条件并不出类拔萃，声音的一切先天条件的限制无法通过百折不挠的努力去突破的。我认为，有理想是一种正确的生活态度，人往高处走，水往低处流，人改变自己命运的想法是天经地义无可指责的，但首先应从最实际处改变。年轻人在谈论理想时，经常忽略现实与理想之间的距离。然而有些距离是客观的、无法超越的。比方一个天生残疾的人想当芭蕾舞演员，那是不现实的。如果抱着人定胜天的态度，为之进行不屈不挠的努力，最终只能以一种悲剧 为结局，此时追求理想便成为一种痛苦。那么，适时地放弃理想、调整理想，不被某种不切实际的理想所折磨，便是一种更为明智、更积极主动的生活艺术。

有人说，幸福的程度不相当于得到的，而是相对于愿望。你的理想与现实间的距离缩短一点，你的幸福就增加一点。这听起来有点知足常乐甘于平凡的，味道其实是一种现实乐观的态度。实在没有必要在 20 多岁时便为自己设计一个当歌星的宏伟蓝图，人生路漫漫，机遇随时会向你招手。

青年人心理咨询篇

康乃馨与玫瑰花

在母亲节这一天，蔡女士很失落。并不仅仅因为儿子忘了送她一束康乃馨。在鲜花的背后，母亲其实最需要的是子女在情感上对其一丝丝的慰藉和关注，一份亲和融洽的交流！

一边是慈母爱心拳拳，一边是爱侣情意殷殷，小伙子，你情感的砝码该倾向哪一边？

——编者

1907年，美国的安娜·贾威斯倡议把每年5月份的第二个星期天作为母亲节，以此宣扬对母亲的敬爱和孝恩。今年的5月11日是母亲节，这天晚上铃子接到一位母亲的倾诉电话。

蔡女士在孩子出世的第二年丈夫就因车祸去世，她是一个要强的女性，为了孩子她拒绝了不计其数的亲戚朋友劝她重新组成一个家庭的好意。她把所有的心血都倾注到儿子的身上。儿子也很争气，考上了大学，毕业后分配在市里一所银行，她的心顿时轻松了不少。最近儿子谈了个女朋友，她当然是打心眼里高兴，是呀，很快就要当奶奶了。可是儿子自从谈了恋爱就很少回家，有时连饭都没回来吃。她心里有些别扭，可又一想年轻人谈恋爱可能都是这样，也就不在意了。她并不是一个很守旧的人。但今天她的心情的确不好。本来，她也不知道今天是母亲节。凑巧有一同事告诉她今天女儿送她一大束康乃馨，并告诉她康乃馨代表对母亲的爱，记得年初的一天，儿子兴冲冲地捧回一束玫瑰花说今天是情人节，准备把玫瑰送给女友，一问价钱贵得惊人，一束花竟然要200多元，这对勤俭惯了的她的确感到有些奢侈，“年轻人的事也管不了那么多了。”她只是暗自轻叹而已。而今天儿子为什么不送朵康乃馨给她呢？可能是儿子工作太忙了，又要谈恋爱给忘了这个日子了，心里她还是为儿子开脱。傍晚儿子打了个电话回来说晚上要与女友出去不回来吃饭了。二室一厅的居室里，令她顿觉孤单。一种莫名的伤感涌上心头，于是她拨通了铃子热线。

铃子为她分析了产生这种心境的原因。其实这种落寞并不是她一时的感受，而是打自儿子谈朋友以后忽略了她而逐渐积累下来的。一直以来，她把所有的感情都倾注到儿子的身上，而在恋爱中的儿子去完全地把感情转移到女友身上，于是她便在潜意识中产生了失落感，这需要逐渐调整心态去适应这种变化。但从更深层次而言，作为母亲，她所需要的并不是一支康乃馨，而是子女在情感上对其关注、慰藉和一定的交流。

铃子有一朋友在某热闹街市开一家花店，近日碰到她时，她感慨万千：情人节时，一支玫瑰的最高价格是25元，原以为母亲节康乃馨肯定也很抢手，没想到大批的花只卖出一小部分。这二者的极大反差说明了什么？这是身为子女的我们值得深思的问题。“谁知慈母心，报得三春晖。”明年的母亲节蔡女士的儿子及许多为人子女的朋友，是否愿为你的母亲送上一束康乃馨？

圣诞夜的遗憾

——兼议老年人的情感孤独与慰藉

已是夜晚10点多钟了，王老太太独自一个人拖着沉重的脚步走在大街上。偶尔还有几家商店还未关门，王老太太眯了眯眼，好象那家商店门口还装饰了一棵圣诞树，树上有铃铛、绸缎、小布娃娃，美丽极了。王老太太不由得触景生情，心里一阵难过，不禁老泪纵横……

王老太太今年已经是六十有八了，身体还算硬朗。有一儿一女，都已成家立业了。儿子经商，赚了不少钱，女儿和女婿皆在政府部门工作，据说女婿还当了个什么官。总之，在别人眼里，王老太太是个幸福的老人。可现实生活中呢？她住在儿子的高级公寓里，包揽了一家的家务活，儿子做生意应酬多，经常不在家，儿媳也待不住，成天到外面打麻将直到凌晨一两点才回家，6岁的小孙子自然是王老太太一把屎一把尿地拉扯大的。女儿看到母亲成天为儿子干家务，带孙子，也借口工作忙，把外孙女往她这边送，原本已经很繁忙的她再加上要照管外孙女可就更忙了。有时两个小家伙一闹起来，她真不知该怎么办好，心里想是不是自己老了，头脑和手脚都不灵便了。她想对儿子说什么，可儿子总不在家；对儿媳讲，儿媳总是爱理不理的；对女儿、女婿讲，但又唯恐他们说自己偏心眼，只照看孙子，不管外孙女，想想就把话咽了下来。日子也就一天天地熬了过来。圣诞节到了，作为一个虔诚的基督教徒的她自然是激动不已，她仿佛看到教堂那雪白的墙上装饰着亮晶晶的彩带、圣诞树上一闪一闪的小彩灯，和着圣洁而又动听的赞美诗。可是一到晚上，儿子照例不在家，儿媳傍晚就到朋友家摆起“小长城”，女儿说有个同事结婚，得去热闹热闹，女婿据说有份材料赶着明天要用。身边两个小家伙又是跳又是闹，王老太太却时不时地抬头望望时钟，“八点”“九点”“九点半”，儿女们一个都没回来，她心里特别焦急，好不容易挨到将近10点，女儿回来了。王老太太迈着蹒跚的脚步，急匆匆地往教堂赶，可是当她气喘吁吁来到教堂时，圣诞晚会已经结束了……王老太太这个期盼已久，原本是个美丽而又愉快的圣诞之夜就这样遗憾地错过了。

现在有些青年人不但没报答父母含辛茹苦的养育之恩，反而将许多繁重的家务往老人身上推，把孩子往老人身上塞，把父母当成免费的保姆；节假日到父母家“啃啃”，更有甚者在使役父母时还搞“利益均等论”，唯恐在兄弟姐妹面前吃亏。虽然人到老年要适当做些家务，运动一下筋骨对身体，在心理能起到协调作用，但是过度劳累会损伤老人的身体。人进入晚年，晚辈应尊敬和照顾老人，令他们安度晚年，使其延年益寿享受天伦之乐。铃子热线祈愿王老太太能过上轻松、舒心的生活，在明年的圣诞节，不再有这样的遗憾！

儿童常见心理障碍病案分析

教师必备知识丛书

选择性缄默症

儿童选择性缄默指儿童在一定场合时讲话，离开这一场合则沉默不语，拒绝讲话，用点头、摇头、手势来表示自己的意愿或仅用“是”“不是”“好”“不好”等非常有限的单词或用书面语来表达自己的态度和愿望。这也是儿童期的一种心理障碍。

儿童选择性缄默主要是由某些刺激因素如受惊、恐惧、忧郁、压抑、孤独而造成精神紧张所引起的，因此，在儿童精神分裂症中较常见。此时除缄默不语外，还伴有其他精神行为异常。在癔病中也偶尔可见。

选择性缄默患儿所占比例不大，为0．2～1%。此行为一般在3～5岁时发生，有时也可能持续多年，在小学儿童中偶尔会发现，且女孩比男孩多。这类患儿主要有以下表现：在某些场合和人多的地方不爱讲话，特别是在不熟悉的环境中和陌生人面前几乎是不开口说话，仅用手势动作来交流，如摇手、点头等简单的反应。但他们并非生理性损伤或智力低下所致，因为他在家里和熟悉的人面前仍然说说笑笑，言语自如。再则是性格方面大多比较孤僻、敏感、害羞、胆怯、感情脆弱、爱器闹、易动怒；不愿参加集体活动，即使参加也是被动的；由于在家中被溺爱、娇养，故平时依赖性强，独立生活能力差，常用消极的攻击性行为来控制他人。

选择性缄默症严重地影响着儿童的人际关系、合作关系和社交能力的锻炼和发展。因此，一旦发现，应及早及时地进行治疗。

1. 消除引起精神紧张的因素。

病案

某女，13岁，小学毕业。据其母亲反映：患儿自幼胆小，言语不多，上一年级时遇到一位男青年班主任，脾气较大，时常体罚学生，她很害怕。一次老师走到她座位前让她读一单词，她读不出来，当即被老师重重地拧了耳朵以致耳根处流血，患儿回家后不敢告诉家长，母亲在为其洗脸时发现血迹追问原因后仍不敢直说，再三追问后才点头承认是被老师拧了耳朵。患儿家长找到校方委婉提出意见，但仍被该老师知道并怀恨在心，多次提出要该学生转学等事。自此事件后，患儿在学校一言不发，一直到小学六年级毕业都没有和老师、同学讲过一句话。到公共场所、到商店购物、乘车等活动时讲话很少而且声细音低，在家讲话则十分自如、流畅、活跃，其学习自觉，成绩一直很好。

根据该患儿的情况，家长首先在孩子升学前向学校、老师反映情况，以求得校方的谅解。学校和家庭应紧密配合，共同创造一个轻松愉快的生活学习环境，帮助患儿建立起平等亲切的师生关系和友爱和谐的同学关系。并建议老师在一定时间内对患儿暂停当众提问、当众演算，以消除其心理紧张、恐惧的压力和负担，并鼓励其多参加集体活动。

〔病案 2〕

患儿，女，9 岁。小学 2 年级。父母离异，现与父亲、继母一起生活，亲生父母均为工人。患儿于 1988 年 3 月因与继母儿子发生争吵而遭继母训斥谩骂，孩子哭后入睡，醒来后自觉头晕、害怕，头部不适有压抑感，对周围一切都不感兴趣，不愿讲话，不愿见人。在家里能回答父亲简单的问话，从此不与家人同桌吃饭，在学校不讲话，不与同学玩耍，课堂上不回答老师的任何问题，下课后坐在教室里发呆，父亲脾气暴躁有时打她，骂她没出息，是累赘，老师找她谈话及家访仍不讲话。回避外人自觉害怕、恐惧，有时暗自流泪，生活和学习受到极大影响。后来病情逐渐加重，发病后一个月，父亲将她送至生母处。母亲关心、照顾她，领她玩、同她谈心，病状稍有好转，能与母亲简单对话。讲话时出现口吃，但对外人仍不讲话，尤其是害怕见到继父，不敢与继父同桌吃饭，问话一律不答。一日，母亲与继父发生争吵，吵得很凶，她当时吓得直哭，此后病情又加重了，且食欲剧减。一言不发，学也不能上了，害怕见到老师和同学，家里一来外人马上躲起来。而且很怕光亮，愿意在阴暗角落里坐着。有时母亲烦了，也失去耐心而训斥她。一天，她离家出走，两天后被派出所的人找到送回家。于 1989 年 2 月送医院就诊。

诊治的第一步：医生取得患儿的信任。医主热情、亲切、态度和蔼地与她讲话，正面引导启发，调动其自尊心、自信心。第二步，组成由患儿家长、学校和医生参加的治疗小组。孩子暂住生母家，改变孩子的生活环境，继父主动与孩子交往，老师家访，同学找她玩和学习。同时还给孩子少量的安定片、维生素 B1、脑复康口服。一个月后病情就开始好转，能和老师讲话，和同学玩了。二个月后病情明显好转，愿到学校学习，主动和同学玩，上课能回答问题，口吃现象消失了，在家能与父母讲学校的事情，心情愉快，恢复了正常孩子的天真、活泼、自尊心和自信心，那种孤独、恐惧、不安全感消失了，半年后回访，一切恢复正常。

3. 药物治疗。可在医生的指导下，服用小剂量的安定类或抗抑郁类药物，配合治疗。

抑郁症

儿童抑郁症即抑郁性神经症。是由心理因素引发的一种心理疾病。其症状表现为孤独、不愉快、忧虑、悲伤、失望和精神痛苦，心境处于病理性的低下或恶劣。

据有关报导，在对一次一般人群的抽样调查中显示，学龄前儿童抑郁症患病率为0．3%，青春期前儿童抑郁症患病率为1．8%，而14～16岁的少年抑郁症患病率则为4．7%。少年期患病率的增高主要原因与青春期生理反应有关，而且女性的发病率在升高，在精神病院就诊住院的比例更大。据报道，精神科门诊儿童诊断为抑郁症的占28%，在精神科住院病人中儿童抑郁症比例为59%。

儿童抑郁症的病因主要是因心理遭受刺激后而诱发的：

1．**感情上受到重大打击**。如亲人去世、父母关系紧张或离异、考试不及格（特别是升学考试考得不好，未上理想中的学校）等，往往会出现情绪上的剧烈反应并导致情感加重。

2．**自尊心自信心受挫**，如由于学业成绩不是很好，长相又不出众，总认为自己处处不如人，不受老师重视，不引人注目等，而产生一种失落感。

3．**不良性格的影响**，这类儿重大多表现出孤独离群，性格过于内向，这就使得他们适应集体生活困难，交朋友也困难。

4. **家长的影响**。如果儿童的父亲或母亲有抑郁症也会引起儿童的抑郁症。如有抑郁症的父母在家少言寡语，不参加社会活动，不大与人结交来往，或对自己的身体健康状况过分关心，稍有不适，就十分紧张焦虑，忧心忡忡，这些都会直接影响到儿童的情绪。

5. **攻击性**。这似乎与儿童缺乏自信、自尊相矛盾，但患儿一旦失去了自尊或受到了重大挫折便会表现出攻击性，而这种攻击性又不直接表现出来，而是把攻击冲动转化为抑郁倾向，越是想攻击，抑郁也就越深。

儿童抑郁症的反应与成年人下一样。成年人忧郁时，可能会目光呆滞，或长久失神地注视着某一个地方。而儿童则不，其主要表现有：

（1）不愿与人交往、孤独、离群是其典型特征。对待同伴和周围发生的事情很冷漠，对任何事物都无兴趣。

（2）自我责备、自我贬低。患儿总认为自己很笨、很差。同时又很敏感。如做团体操，老师到最后才挑选他，他就会认为这是因为自己不行，老师瞧不起他，于是感到悲观；如果考试失败，他也会感到绝望、沮丧，甚至产生自杀的念头。

（3）有的患儿会变得固执，烦躁不安，易发脾气，具有周期性的喜怒无常，而且发作没有前兆；爱挑衅，有破坏行为和攻击性行为。

（4）这类儿童还表现出各种各样的身体症状。如头痛、腹痛、失眠、食欲不好、消瘦、全身游走性疼痛或痉痒等。

（5）**对学习活动不感兴趣，缺乏热情，读书成绩下降。思维迟钝，难以完成任务。**

儿童抑郁症主要是由心理因素引起的，因此治疗也主要运用心理治疗。

1. **支持疗法**。当发现儿童有抑郁症症状后，家长应多与孩子交谈，多给予关心、安慰，倾听孩子的讲述，给孩子以情感上的理解和支持，陪孩子做一些他平时最感兴趣的事。同时要分析孩子发病的原因，如与环境刺激有关，则要改造，消除这种环境因素的影响。

2. **行为疗法**。当儿童患抑郁症后，家长要分析病因，除用支持疗法外，还应根据具体情况采用行为治疗。

〔病案 1〕

有位12岁的独生女孩小丽。其父母都是知识分子，对她爱护备至，视若掌上明珠，抱有极高的期望。因此，小丽从小受到的教育要比别人多些，智力开发要比别人早些，真可称得上活泼可爱，聪明伶俐。她上学后，学习成绩一直很好，每次考试都是优秀，全家人欢天喜地，乐不可支，为有这样的孩子而骄傲。

天有不测风云，正当父母高兴的时候，出了一件扫兴的事。六年级上学期期中考试时，小丽患了重感冒。为了不耽误考试，她仍来应试。由于身体不适，精神不振，再加上心情紧张，物理没考好，只得了61分。这给一贯成绩优秀的小丽当头一棒，结果其他科的考试成绩也不好。沉重的打击，从此使小丽变得沉默寡言，悲观失望，精神萎靡，食量减少，逐渐怕见老师和同学，后来整天在家睡大觉，干脆不去上学了。

家长开始不知底细，问她怎么了？她说不清楚，只是流眼泪。看到这种情况，以为孩子患了大病，急忙带孩子到医院进行检查，量体温、化验、胸透视等等，心肝肺肾等脏器，均未发现异常。这时，学校班主任也来家里看望，与家长商量解救办法。一致认为，既然小丽的感冒已经好了，躯体没有其他疾病，那么，会不会是患了心理疾病呢？于是，其母就带小丽到西域区某医院心理诊室咨询治疗。

心理医生全面询问了小丽考试失败的情况、家庭养育情况、性格特点等后，与家长交换意见说："根据小丽的表现，可能是患了意志行动障碍，也就是因失去面子、心理压力过大，精神受到严重创伤的'抑郁病'。其原因是孩子在一帆风顺、赞扬声中长大；再加上家长的过度期望和不适当的教育方式，使她意志薄弱，经不起一点挫折。"说到这里，心理医生问家长："你们看，这样分析有没有道理？"其母说："有道理，符合孩子的实际，在我们的教育方法上，确实存在着不够客观的问题，主要是'宠纵娇惯'四个字，使孩子养成了脆弱的性格。请医生帮助治疗吧！"

心理医生沉思了一会，决定采用"行为疗法"。遂对小丽的母亲说："对于小丽这样的儿童，治好病的唯一方法，就是培养坚强的意志力，提高对挫折的承受能力，其途径是在生恬、学习实践中进行锻炼。

例如，每天坚持20分钟体育锻炼，规定在1小时内完成几道数学速算题和其他一些作业；并让她承担一定的家务劳动，如买粮、买菜、洗衣服、打扫房间等，因为过去她不知道这方面的劳累，现在做这些事就是很好的锻炼。通过这些活动，使孩子在实践中明确‘坚强意志’和克服困难的真正含义，充分认识到：人生活在社会上，不论生活、工作和学习，挫折和困难是必然的、经常的；一帆风顺是偶然的、少见的。这样，孩子的承受能力就会大大提高，怕困难、爱面子的心理疾病就会很快治好。”说完，他又具体提出了行为治疗时的注意事项，要求家长一定要按计划行事，严肃对待，不能迁就孩子的好恶，否则不会取得好效果。

小丽的母亲完全赞同心理医生的看法和意见，觉得孩子身上的过错责任在大人。于是，为了孩子的前途，母亲和父亲统一认识，决定采取较为严格的措施，让小丽进行意志力的锻炼。具体方法是：

在认识上提高。父母每星期要给小丽讲一个英雄模范人物的故事，以事实说明“艰苦炼意志，困难造英雄”的真理，使她自觉树立吃苦精神。

在生活上锻炼。凡是小丽自己的事情，如洗衣、叠被、打扫卫生等，尽量让她自己去做，家长不代劳。

合理分担家务劳动。搞好家庭生活是很辛苦的，不能有忙有闲。小丽负责每天刷锅洗碗和倒垃圾的任务。

要积极锻炼身体。每天早起跑步至少三站路，晚饭后要跟父母散步30分钟。

认真做好作业。对学校布置的家庭作业，要限定时间完成，不准一面做作业一面玩。

除此，家长还和学校老师建立了每月一次的联系制度，对小丽的表现及时交流情况，发现问题，迅速教育和解决。

学校为了帮助小丽治好心病，老师和同学们充分肯定她的长处，并在班上表扬她带病坚持考试的可贵精神。与此同时，班主任还安排她要好的同学，每天陪她上学，以鼓励她克服困难的勇气和战胜疾病的信心。

这样做，在刚开始时，小丽很不习惯，总是叫苦连天，不想继续坚持。父母和老师反复做解释开导工作，说明多年养成的坏习惯，一下子改过来确实不易。若是现在不下决心改，将来就会更难，到那时不仅要受更大的罪，还会被人瞧不起，心里更难受。这些道理促使她醒悟，咬紧牙，忍着坚持了下来。

经过一个学期调整锻炼和细致教育，小丽摆脱了抑郁心病，逐步培养起了坚强的意志和开朗读的性格。学习刻苦，不怕困难，成绩不断进步，成为本班考取名牌大学的唯一学生。

3. **增强自信心**。有的儿童是由于自尊心受到损伤而引起的，因此，要想方设法帮助儿童树立起自尊心、自信心，这样可以抵制抑郁状态的产生。首先要改变认识。儿童抑郁是由于自己对自己不满而引起的，而这个不满意的标准是一个理想化的标准，当这个标准达不到时，就会引起抑郁。要提高自信，战胜抑郁，就得改变这个标准，使之切实可行。理想化观念通常包含有“必须”等绝对化词语，如“我这次期末考试必须进入前四名”“我必须考入省重点中学”等等，而这些标准并非想达到就能达到的，一旦没达到，就会失望沮丧。因此要根据自己的实际情况尝试改变这些标准，使之能付诸实现。其次，运用正强化法。教师和家长要善于发现儿童的长处，并让他充分发挥出来，使他获得别人的称赞；当儿童通过降低标准而达到目的后，要给予鼓励，正面强化，帮助儿童树立自信心。

4. **药物治疗**。一旦发现儿童有抑郁症状的种种迹象，家长应随即带孩子到医院诊治。在医生的指导下服用抗抑郁药，切勿随便给孩子乱用药。

儿童厌学症咨询案例

实例介绍

【案例 1】任 × ×，男，小学三年级学生，独子。父亲是一家商店的副经理，中专毕业，工作繁忙，经常出差在外，家里的事顾不上，母亲在某物资回收公司工作，高中文化程度，因有老人需要照顾，中午不能回自己的家吃饭，很少有时间过问孩子的学习。另据母亲介绍，她是

"文革"中毕业的高中生，没正经八百学什么么东西，数理化基础较差，看孩子三年级的数学课本都相当吃力，辅导工作无法胜任。

一、二年级时，任××的学习成绩还算可以，中等偏上。从三年级开始，学习成绩迅速下滑，语文成绩从原来的90多分降至80分左右，数学成绩从原来的90分上下降到及格线的边缘。看到孩子学习成绩下降，父母非常着急。父亲脾气暴躁，气极了就揍，有时打得孩子胳膊、腿到处是伤，伤口好久不能愈合。母亲心疼孩子，多次找班主任求助。班主任对任××似有成见，认分不认人，家长与班主任之间关系冷淡。为此，孩子产生强烈的厌学情绪，认为再怎么学也白搭了，有时一提学习就头痛，还有其他身体不适，但对画画颇感兴趣。母亲曾带孩子到医院检查，西医中医都看过了，查不出什么毛病。百般无奈之际，母亲把求助的目光投向心理咨询机构，带孩子前来求询。

【案例2】王×，男，9岁半，小学三年级学生。父亲是工人，母亲为某副食商店售货员。据教师反映，王×的智力水平属于中上等，二年级时学习成绩在班里还属于中等偏上，但进入三年级后，学习成绩明显下降。期中测验两门主课均不及格。王×的性格比较外向，嘴很甜，人乖巧，有人缘，虽不是班里的少先队干部，但在朋友圈中说话有人听。王×一家原住在闹市区，后因住房拆迁，搬到城郊新建的开发小区。由于小区的建设不配套，国营蔬菜商店、水产品商店等一直没有建起来，因此小区内便逐渐形成了一个农贸市场。在农贸市场中，有附近的农民前来经商者，也有一些小区的居民加入到个体业余经商的队伍中。王×的父亲便是其中一员。王×的父亲主要经营新鲜蔬菜。从市区批发市场购进赶鲜的高档菜，在小区农贸市场出售。遵父母之命，王×近半年来下午放学后也常帮助爸爸卖菜。如果儿子表现好，生意做得也称心，父亲就给儿子以奖赏，或给买点好吃的东西，或给点零花钱。久而久之，王×对帮助爸爸摆摊卖菜产生了兴趣，而对学习的兴趣则越来越下降。王×的母亲对孩子也十分放纵。她很少过问孩子的学习情况，晚上吃过饭后，为图家中清静，经常催着孩子出去找同学玩，10点钟以前不要孩子进家门。鉴于以上一些原因，王×的厌学情绪愈益增长，学习成绩明显下降。他甚至对同学说："学习什么，真没劲，还不如跟我爸爸跑跑腿，要吃有吃，要钱给钱，那多够味!"

实例分析

案例1中任××的厌学情绪主要同学习成绩下降、父亲粗暴体罚有关。咨询中经智力测查（采用瑞文标准推理能力测验），证明这个孩子智力没有什么问题，属中等水平。但在口头随机检查时，发现任××的可逆性思维较差，对有关数概念的相互关系搞不清楚，这可能与其知识的漏洞有一定关系。

根据上述分析，我们向任××的母亲提出如下咨询建议：

（一）杜绝粗暴体罚，给孩子应有的爱和关心，努力创造温暖、和谐的家庭气氛。

（二）鼓励孩子发展特长（绘画），通过特长显露使孩子体验成功的欢乐，并促成其兴趣向课程学习迁移。

（三）督促孩子养成良好的学习习惯，掌握科学的学习方法（如添置错题备忘本，经常归纳、分析错题的原因，并定期重做），增强学习的信心。

（四）必要时可聘家庭教师为孩子补课。如能请到任课教师利用星期天或寒暑假为孩子个别辅导，这不但有助于调动孩子学习的积极性，也有助于家庭和学校的沟通，密切家长与教师的关系。

案例2中王×的厌学症无疑是家庭不良因素影响的结果。父亲工余经商捞外快，把孩子也拉上了，还不时有所奖赏，予以“积极强化”；母亲图清闲，晚上10点之前不让孩子进家门；父母都很少把孩子的学习放在心上。处于这样的一种家庭氛围，孩子又怎能对学习发生兴趣？又怎能不产生厌学的情绪呢？在孩子看来，学习成绩好坏无所谓，反正爸爸妈妈不计较这个，只要乖乖听话，让父母高兴就行。儿童心理学和教育心理学的研究表明，小学生特别是低、中年级学生，其学习兴趣和学习动机受家庭教育的影响很大。父母的主导倾向是什么，对孩子有何期望和要求，往往是孩子愿不愿意学习和怎样去学习的指示器。因此，矫治王×的厌学症，关键要从改变家庭环境入手，帮助王×的家长切实认清教育子女学习的意义和责任，但要做到这一点是很不容易的。因为王×家长身上所反映出的问题，实际上是同整个社会存在的“重钱轻学”的不良风气密切联系在一起的。因而矫治像王×这样的厌学症，必须从社会系统工程的观点出发，动员全社会的力量都来关心下一代的学习和成长，这样才能从根本上真正解决问题。

不过，就学校教育来说，还是应该尽自己的力量，努力为克服学生的厌学情绪多做一些工作。据此，我们向王×的班主任提出这样几条参考性的咨询意见：

第一，厌学的倾向表现在王×身上，但其直接原因却在于家长的“模型示范”和放纵自流。因此，学校应同家长取得联系，全面介绍和分析王×近来的学习变化，充分肯定其优点和长处，委婉地指出由于家庭的影响而导致孩子厌学的情况，晓之以理，动之以情，力求引起家长的重视和警惕。

第二，教师要抓住王×这一典型事例在全班进行教育，但不要点名公开批评。可以少先队队会的方式，引导同学们围绕“重钱轻学”的问题进行讨论，使大家明确少先队员到底应该怎么办？是应该“好好学习，天天向上”，还是学不学无所谓，有钱吃喝自在就行？这不仅对王×是一种教育，而且对激发全班同学的学习动机也有积极意义。

第三，可适当组织几名学习好的同学或班干部定期到王×家中帮助他补习功课。这样做的目的一方面是给王×以具体的帮助和监督，另一方面也是对家长的暗中提醒和促进。当然，在采取这种措施之前，应事先征得家长的同意。如果王×的家长不同意这样做，则不可勉强，因为勉强去做只能把事情搞得更糟。

第四，教师应更好地改进教学方法，增加教学的直观性、趣味性、生动性，努力培养学生的学习兴趣，同时应大力开展好课外活动，通过课外活动进一步增加学生的学习乐趣和对学习的吸引力。这种课内外学习气氛的不断改善和活跃，对于调动王×的学习热情，克服厌学情绪，可以起到潜移默化的作用。

强迫症

概述

强迫症又叫强迫性神经症，是一种以强迫观念和强迫动作为主要特征的神经官能症。它是指患者主观上感到有某种不可抗拒的，不能自行克制的观念、意向和行为的存在。病人虽能意识到这些观念、意向行为是不必要或毫无意义的，但就是难以将其排除。这里介绍的是儿童强迫症，其发病年龄多数在10～12岁之间。

1. 儿童强迫症的表现特征

（1）反复计数。如走路时反复数电线杆；上下楼梯时计数楼梯；一遍又一遍地数课本或其他图书上的人或物的数量等。

（2）反复洗手。有的患儿一天甚至洗手几十次，一次竟持续十几分钟。

（3）反复玩弄手指，反复摇头。有的孩子如此表现时，明显反映出其神经症症状。

（4）反复进行自我检查。如反复核对作业、检查书包里的东西等。

在此应指出的是，只有当这类呆板、机械的行为保持时间长而且严重地造成儿童适应不良时，才可考虑其是否是病理现象。

强迫观念则表现为穷思竭虑地想一些毫无意义的事情，如不停地回想电影（电视）中的某个情节，强迫自己反复思考某一类问题。有的甚至知道自己的这些行为和想法是毫无意义的，但就是克制不住自己要去做去想。

2. 儿童强迫症的成因

（1）精神因素。儿童在生活中碰到重大变故，如父母离异、亲人丧亡等精神刺激，引起恐惧，使其忧心忡忡、胆颤心惊，这是强迫症的主要诱发因素。

（2）性格因素。这类儿童的性格大多内向、胆小拘谨，待人特别有礼貌，优柔寡断，行动较古板。

（3）家庭影响。父母性格内向、偏异，有洁癖、强迫行为、往往会给孩子带来影响。

病案与诊治

【病案1】

患者情况：陈某，男，10岁。生长在双亲家庭，学习成绩一直很好，平素少言寡语，不善于与同学交往。近两三个月以来学习成绩明显下降，每人放学回家常呆坐桌前，家庭作业做得明显没有过去认真了。问他在想什么，他总不理睬。家长找不出原因，据事后回忆，这孩子走在马路上总是要数电线杆，半年前更是数了一遍又一遍，不停地数，家长虽不知其中的心理原因，也常对他婉言劝导或严厉指责，均不能使之改变这种反常行为，至后来，他在家长或其他人批评、劝导时，还表现出焦躁、愤怒的情绪。

分析诊断：正常儿童在其发育过程中，也可能出现这种强迫现象，但正常者出现这种现象是短暂的，而这个孩子的这种强迫现象却较长时间地持续保持，且在受到干扰时产生焦虑情绪和发脾气；另外，在与其母亲交谈时得知，这孩子的父亲特别喜欢清静，常干涉孩子在家里大声说话，看电视也只能戴上耳机听声音。我们还知道，这孩子属内向性格，其智力水平较高，年龄又处于儿童强迫症较易发生的阶段。所以，基本可以断定，这个男孩患的是儿童强迫症，他表现出的是典型的强迫行为症状。

施治方案：根据以上分析，心理医生拟对这孩子试用系统脱敏疗法来进行心理治疗。并首先告诉孩子母亲什么是系统脱敏疗法及怎样开始进行治疗。

系统脱敏疗法又称交互抑制法，利用这种方法主要是诱导求治者缓慢地暴露出导致神经症焦虑的情境，并通过心理的放松状态来对抗这种焦虑情绪，从而达到消除神经症焦虑习惯的目的。这是治疗患儿强迫行为较有效的方法，首先，让其母列出儿童强迫行为的大体次数和激惹的情景，然后对每一种情景下的强迫行为逐步进行脱敏。

咨询与治疗：按照心理医生的指导，孩子的母亲首先向孩子的父亲转达了治疗意图，并要求他给予配合，不要太多干涉孩子的正当心理需求，给他一个不压抑的家庭气氛。然后开始对孩子实施脱敏疗法——他们有意带孩子外出，到那些有电线杆的路上去漫步，但是起初必须选择电线杆稀小的路段，往后再逐渐过渡到电线杆或树木较多的地方。外出时，讲些孩子喜欢听的故事，以转移其注意力。开始时，孩子一边听故事，一边仍不时去数电线杆，但由于大人讲的故事十分精彩，电线杆又稀少，孩子渐渐就减少了数电线杆的次数，一次，两次，三次……多次，慢慢地，他的注意力就集中到听故事上来了，而不再无聊地数电线杆了。这样，循序渐进地进行脱敏，两个月后，他们又带孩子来复诊时，孩子已经消除了数电线杆的强迫行为。

【病案 2】

患者情况：一位母亲来信告诉心理医生："一个月前，我女儿林某（12 岁）和我去逛街购物，我为她买手套，但颜色却拿不定，她一会儿说白的好，一会儿说黄的好，最后决定买了黄色。但是回家后，她又觉得白色的好，缠着我去给她换，我就回到市场上去换，但白色的已经卖完了。女儿很懊丧，从此竟添了'吃后悔药'的心病，现在干什么都要问问父母，非要父母作出肯定的答复才会去做，真不知她是怎么回事！我们非常担心。"

分析诊断：林某患的是儿童反应性强迫心理症。

所谓反应性心理症是由于某一生活事件（这事件或许很严重，或许根本无足轻重，关键是当事人感到难以承受），使当事人产生了强烈的精神不安，以致引起一系列的心理失衡的反应。其反应可能是恐怖、可能是焦虑，也可能是抑郁，而强迫现象则是最常见的。一般说来，问题的性质越严重，反应越厉害。林某对一件小事产生如此强烈的反应，说明或许是她的心理素质太差，或许这反应本身有更深层的心理含义，不过由手套事件而借题发挥出来罢了。可以设想，即使为她换到了白色的手套，多半也难以平息她的不安。

施治方案：针对这一患者的具体情况，心理医生认为应当采用反应阻止疗法给她施治。

这种疗法的基本模式是：给患儿一个先导刺激，这一刺激导致患儿出现强迫症状，并使焦虑增强。而此时，采取强制手段制止其强迫行为。

咨询与治疗：心理医生写信给林某的母亲，请她前来心理诊所，向她说明了林某的病症，并教给她了治疗方法。在医生的指导下，林某的家长采用了如下方法：家长有意在厨房里放了三种品牌不同的酱油，然后安排林某去取酱油来拌她最喜欢吃的一种凉菜。林某便表现出了犹豫不决的神态，要求父母明确指定取何种品牌的酱油。此时父母告诉她，那几种酱油的标签上本就明确他说明了适宜做什么菜品的调料，是很容易选择正确的，既然容易做出正确选择，就不应当事事由父母做出判断而应由她自行选择。这时她显得更为犹豫，父母遂责令其必须自做出选择。于是她出现了焦虑反应，然而由于父母坚持要她去拿，她也就勉强地去取来了酱油，拌好凉菜后，她表现出了后悔的情绪，觉得自己没拿对酱油。父母也强制其不得后悔，并告诉她：你拿得很对，根本不应后悔！此后，父母经常设置这类需作选择的事情让她做，并强制她不得犹豫和后悔，否则便会给予一定惩罚。久而久之，她的强迫行为和焦虑反应渐渐消退了。用这种反应阻止治疗技术进行治疗的半年后，林某的强迫症治好了。

儿童恐怖症

概述

儿童恐怖症是指儿童对日常生活一般的客观事物或处境产生过分的恐惧，而且持续强烈的恐怖情绪反应超过了实际情况所存在的危险程度，虽经安慰解释，仍不能清除恐惧，甚至回避、退缩而影响日常活动。

1. 儿童恐怖症的类型

(1) 动物恐怖症。如怕猫、狗、蛇等，有的甚至于害怕到精神失常的程度。

(2) 社交恐惧症。怕与父母分离、怕生人、怕当众讲话、怕拥挤、怕与异性接触、怕上幼儿园和学校，怕考试。目前发现怕考试、怕见老师、怕上学的儿童有增多趋势。

(3) 自身损伤恐怖症。怕出血、怕鬼怪、怕流氓、怕传染病、怕生病、怕死等。

(4) 对自然事物和现象的恐怖。怕黑、怕闪电雷击、怕被独自关闭室内、怕登高等。

2. 儿童恐怖症的成因

儿童恐怖症产生的原因主要是因环境、教育造成的，而其中义以父母的行为方式、教育方法的不当为主：

(1) 父母对孩子溺爱。父母出于溺爱和不放心，过于保护、限制儿童的许多行动。

(2) 父母用吓唬威胁的方法对待孩于的不听话、不乖顺。父母的教养方法不当，在孩子调皮时采用威压方式制服孩子，久之，造成孩子心理疾患。

(3) 父母的言行对孩子的影响。有的父母当着孩子的面毫无顾忌绘声绘色地讲述自己所见所闻或经历过的 一些可怕的事情，有的父母对某一事物或现象存在恐惧，在孩子面前毫不掩饰地表现出来，使孩子也深受其害。

(4) 大人过严过高的要求。父母不了解儿童心理、生理特点，像要求成人一样要求孩子，使孩子产生恐惧心理。

(5) 家庭成员关系不和睦或对孩子缺乏一致性，一贯性的教育等。家庭成员的不和睦本身就会给孩子带来惊恐与焦虑，而朝令夕改式的教育更使孩子无所适从。

病案与诊治

【病案1】

患者情况：丁某，男，13 岁，对别人和自己咳嗽非常恐惧，甚至提到咳嗽这个词也感到恐惧。回忆不起这种恐惧是怎么开始的。

分析诊断：初步诊断为儿童恐怖症，建议先服用一些抗焦虑药物，开少量安定片，并让其母亲带他在服药前后定期作心电图、肝功能、血象检查。

一周后病人复诊：病人的父母补充了一些情况，说他最怕那种费力的、带出粘液的咳嗽。在他 9 岁时和家人一起驾车外出，遭遇严重车祸，只有他一个人没有受伤。叔叔受伤最重，临时被人抬到附近一家农舍等待营救，由他照护。叔叔胸部被压伤，呼吸困难，费力，不停地咳嗽。由于内出血、呼吸道不畅，咳嗽越来越费劲，无力。自此，病人对咳嗽产生了强烈的恐怖。由此，可确诊：该患者确系儿童恐怖症。

施治方案：继续服用安定片，对患者进行支持治疗，引导患者宣泄恐怖情绪。支持疗法指通过对患儿进行解释、安慰、鼓励、疏导感情、调整环境等处理来达到治疗目的的一种方法。这是一种辅助性疗法，可配合其他方法使用。

咨询与治疗：让患者尽量回忆其叔叔受伤后咳嗽的情形，并且描述出来，最开始，患者非常害怕，浑身发抖。经过一遍一遍的回忆，描述，患者的恐怖情绪慢慢减少，情绪渐渐趋于稳定，经过一个月的治疗，患者不再对咳嗽产生恐怖。

【病案2】

患者情况：焦某，男，12 岁，中学生。

其父叙述这个男孩的病情：三年来目光不敢与人相对，否则就惊恐万状。

其父亲回忆说："儿子在三年前发现有近视，因而去配了一副眼镜，但配后迟迟不敢戴，怕别人见了笑话。某日上课时，因感到老师在黑板上写的字模糊看不清，而试着第一次戴上了眼镜，谁知这时老师正好回转身，无意中看了他一眼，他在与老师目光相对的一瞬间，突感内心一阵莫明其妙的恐惧，因而赶快低头，但仍心跳不已。此后再也不敢与这老师对视，为了回避老师的目光，他由前排座位调到后排，但仍不敢相对。其后一进教室，内心即感忐忑不安，自己形容'简直像在法庭受审判一样'。不久，他扩大到怕见其他老师，同学，以至所有人的目光，继而又发展到怕与电视、电影荧幕上的人相视，最后竟回想起与别人目光相视时的情景，都会感到心惊肉跳。他想控制自己不看别人，如走路、吃饭部低着头，不敢到人多的地方去，但在他思想中却愈是想要与别人对视。偶尔真的与别人目光对视了，他就紧张害怕到浑身发抖，面部肌肉抽搐，为此他痛苦不已，曾想弄瞎自己的双眼，也曾想轻生，但却下不了决心。"作为家长实在担心孩子有什么三长两短，于是向心理医生求助。

分析诊断：由于焦某自己本来心理素质不好，面子思想严重，害怕戴上眼镜被别人笑话，他自己首先产生一种不敢以戴眼镜面对人的心理因素，久而久之，愈来愈深地陷入这种恐怖之中，形成了典型的对视恐怖症。

施治方案：采用支恃疗法和系统脱敏疗法，所谓支持疗法，是通过对患儿进行解释，安慰，鼓励、疏导感情、调整环境等处理来达到治疗目的的一种方法。系统脱敏治疗一般做法是：先用轻微的较弱的刺激，然后逐渐增强刺激的强度，让其逐渐适应，最后达到消除恐怖症的目的。

咨询与治疗：用支持疗法，消除孩子恐怖的心理因素，告诉他戴眼镜是很正常的事情，周围不是也有许多人戴眼镜吗，改善情绪，减轻焦虑和恐怖。与此同时，进行系统脱敏。先让孩子与家人的目光对视，当孩子的目光与家人对视时，对他进行鼓励，逐渐地，要求孩子与和他要好的同学目光对视……。经过几个月的治疗，患者的恐怖症消除。

【病案3】

患者情况：黄某，女，9岁，小学三年级学生。她在学校担任中队长职务，事事以身作则，学习努力，工作认真，深得老师和家长喜欢。然而，黄某毕竟只有9岁，在日常学习和生活中不免会做出一二件傻事，老师和家长也难免会批评几句。虽然这些批评都是善意的，黄某也丝毫没有因此而产生过抵触情绪。但私下里，黄某却以此为耻，更加严格要求自己，不允许自己有半点差错。她严厉地苛求自己，一遍又一遍地检查书包，一次又一次地检验作业，反反复复地练习第二天的中队长讲话……几乎天天要到深夜才能上床。确实，她不再有任何差错了，但她却得了一种“奇怪的病”，每天早晨起床后，都要喊肚子痛，只想大便或小便，从6时到七时这一小时内，忙碌不停地奔波于厕所间，最后还得强忍着腹痛去学校上课。医生检查虽未发现有任何胃肠道疾病，但她的腹痛却与日俱增。最后，她只能向母亲摊牌了，她说：“我怕去学校，我怕做错事，我怕答错问题，我怕老师批评。”令人奇怪的是，每当母亲同意黄某在家休息一天时，黄某立即安然无事，腹痛也不治自愈。假如母亲不允许她请假在家，黄某立即会急得面色苍白，全身冷汗，心跳加快，呼吸急促，腹痛加剧，常常在床上打滚，其样子十分可怕。对女儿人现出的症状，母亲束手无策，到学校找老师想办法，老师介绍说可到医院找心理医生咨询，于是母亲只好心急火燎地领着女儿来到了心理咨询所。

分析诊断：心理医生会同体检人员对黄某进行了体格检查，发现她的确无任何胃肠道疾病，又通过心理测试，也没发现她精神方面有何障碍。于是，医生诊断她得了学校恐怖症。

施治方案：对于患学校恐怖症的儿童，主要应加强心理护理，让他们的情绪得到合理发泄，并在父母的指导师下注意其早期的人格培养。

咨询与治疗：心理医生首先向黄某的母亲分析了形成孩子对学校的恐怖的原因。其一是内因，那就是性格问题。易患学校恐怖症的孩子，多表现得胆小、多疑、仔细、谨慎，而且还有点过敏。他们不仅平时不敢惹是生非，而且还特别小心翼翼，害怕犯错误。他们特别爱面子，受到一点批评后会羞得无地自容，考试时失落几分也会懊悔不已。这种孩子的特点是太认真、太仔细。粗看起来，这些都是难能可贵的优点，然而凡事“太”那个了，就成为性格缺陷了，这种性格缺陷也正是学校恐怖症的内因所在。其二是外因，那就是期望值过高。过高的期望值来自家长、老师，甚至学生本人。对这类学生要求过高，超过心理所能承受的限度，极易造成心态失衡，而逐渐形成焦虑性心境。由于学生的主要生活环境是学校，主要任务是学习，因此，这个时期的焦虑症状是以学校恐怖，考试恐怖为突出表现的。

同时，心理医生对学校恐怖症患者常见的心理障碍的后果，向黄某的母亲作了仔细的分析。儿童对学校的恐怖，通常会带来下列后果：

(1) 学生的学习成绩下降。学生由于精神紧张、恐怖而缺课。停学，这样势必影响学业。即使坚持上学，也会极度焦虑而影响课堂效果，妨碍学习。

(2) 考试及升学恐怖症。学习成绩下降以后，有的学生认为自己在众人面前丢失了面子，因而不敢参加考试，以致逐渐发展成考试恐怖症、升学恐怖症。

(3) 离家出走。严重焦虑发作的学校恐怖症患者，一旦看到学校或遇到考试，犹如大难临头，万分恐惧。如果他们既得不到父母或老师的理解又得不到积极有效的心理治疗，相反被迫继续上学，他们将会在“实在难以忍受”的情况下离家出走，以逃避痛苦。

(4) 产生自杀行为。有些学校恐怖症患者，内心痛苦不堪，但又无法摆脱，心理防线已崩溃，有时会采用自杀手段，用死亡来逃避现实。

因此，为了缓解黄某目前对学校的恐怖，从现在起除了给学校讲明原因，带她到心理咨询机构定期进行咨询帮助，暂时离开诱发她产生焦虑情绪的环境外，还要求她的母亲要做到：

(1) 从现在起就注意对孩子的性格培养。黄某胆量较小、性格较忧虑，因此要求她母亲不能对她过于严厉，应劝导她对待问题不能过分谨慎，合理放松情绪，懂得凡事不可能尽善尽美的道理。只要尽最大努力，做到问心无愧即可，而不必时时去追求完美。

(2) 降低对孩子的期望值。要求其家长对孩子的期望值不能过高，以缓解孩子由于在不良性格的基础上增加的心理压力，减少学校恐怖症的诱发因素。

其母亲表示赞同，决定回去后好好培养孩子的性格，争取帮孩子改变这种心理状况、一年后，心理医生随访调查，黄某的情况已完全改善，学习成绩良好，再也不害怕到学校了，并升任了学校少先队大队长职务。

总结

儿童恐怖症患儿由于对某一事物的恐惧，而产生回避或退缩行为，如不及时治疗，会严重影响儿童的正常学习和生活。但恐惧不等于恐怖症，它是正常儿童心理发展过程中普遍存在的一种情绪体验，是儿童对周围客观事物一种正常的心理反应，也是儿童期最常见的一种心理现象。曾有人对一组儿童进行纵向追踪调查到十四岁，发现百分之九十的儿童在其发育的某一阶段都发生过恐惧的反应。儿童期的恐惧是十分短暂的，有研究表明，儿童恐惧在一周内消失的占百分之六，在三个月内消失的达百分之五十四，在一年内可全部消失。当然也有消失的时间要长一些的。总之，许多恐惧不经任何处理，随着年龄增长均会自行消失。

另外，由于性格缺陷、溺爱和过分保护、期望值过高等因素也会诱发儿童的另一类恐怖症——学校恐怖症。这类儿童不愿上学；害怕上学考试；如果大人强迫患了学校恐怖症的儿童到学校，儿童则会表现出明显的焦虑心情和焦虑性躯体症状。患儿大多数都是好学生、优秀生，少数学生即使不是学习尖子，但也是听话、乖顺的学生，其智力水平要么高于一般者，要么低于一般者。

对患学校恐怖症儿童的治疗，应主要采用心理治疗和教育治疗，并且要从学校和家庭两方面着手。

心理治疗可采用暗示疗法和脱敏疗法，暗示疗法又分他人暗示和自我暗示两种。对小学儿童学校恐怖症一般宜采用他人暗示疗法，即由咨询医生对患儿施加暗示，使其按医生指引的方向去思考、体验，以调节和改善患儿的心理状态和生理机能，从而达到治疗目的；同时可结合一些辅助手段如结患儿服用一些无副作用的“安慰剂”来提高疗效。

对患儿进行教育治疗，首先应帮助患儿融洽师生关系和同学之间的关系，并改善家庭关系，为患儿提供一个轻松、愉快、平等、和谐的生活环境。其次，家长和教师对患儿要关怀、信任，积极鼓励他们参加一些集体活动和社会活动，帮助其适应外界环境，努力克服性格方面的缺陷。再次，要力求从教育方法上消除各种不良诱因，如对孩子的期望要切合实际情况，不能期望过高而增加孩子的心理压力；不要对孩子过分娇养、溺爱，要注意培养孩子的独立性，不断提高社会适应能力。

儿童焦虑症

概述

儿童焦虑症又叫儿童焦虑性神经症，主要表现为焦虑和恐惧，是儿童情绪障碍的一种。

1．儿童焦虑症的种类及特征

（1）分离性焦虑。当患儿与亲人分离时产生明显的焦虑反应，毫无根据地担心亲人发生意外，与亲人失散及被坏人抓走或伤害。

（2）过度性焦虑。这主要表现在学龄儿童身上，女孩多于男孩。患儿常常对未来的事情表现出毫无根据的担忧和过分的焦虑、恐惧。

（3）社交性焦虑。多见于学前期和学龄初期儿童。这类儿童在陌生环境里或主人面前表现得极其紧张，难以适应新环境，难以与人交往。

2．儿童焦虑症的成因

（1）父母的影响。父母的精神健康状况和性格表现对儿童焦虑症产生的影响较大，父母的焦虑症可直接“传染”给孩子，如父母敏感、犹豫、多虑，缺乏自信等一些焦虑人格的表现常可在孩子身上反应出来。

（2）家庭环境不良。家庭成员关系不和睦、父母亲经常吵架打架、父母离异、亲人生病或死亡等都易使儿童产生焦虑反应。

（3）教育方法不当。对孩子过分娇惯、溺爱，使孩子依赖性强，独立性差，一旦走出家门离开父母，便不知如何面对社会，如何处理人际关系，从而产生焦虑反应。对孩子管教过严、要求过高、压力太大，使孩子精神高度紧张，也易产生焦虑反应。

（4）责任心过强，对自己期望太高。如总是对自己的行为表现或学习成绩不满意而导致焦虑的产生。

病案与诊治

【病案1】

患者情况：马某，女，6岁。最近以来，每次她爸爸出差。她都是愁眉苦脸，心神不定，吃不下饭，睡不好觉，还老做噩梦。总是问妈妈："我爸爸是不是不回来了？"我爸爸有没有生病？"对孩子的种种担心，妈妈怎么解释都没有用，只有当爸爸平安回到家来，她的情绪才会慢慢好起来。马某的父母怀疑自己的女儿有些心理障碍，于是带马某前来咨询诊断。

分析诊断：据了解，患儿与爸爸平日里感情很好，她长这么大，爸爸极少离开孩子，最近由于工作关系，其爸爸需要常常出差，不得不要离开孩子，因而孩子一下子适应不了，造成了分离性焦虑症。

施治方案：针对患儿的情况，可以采用疏导疗法进行治疗，疏导疗法是一种心理治疗方法。即对患者进行安慰、劝导，晓之以理动之以情，以缓解消除患者的焦虑症状。

咨询与治疗：用亲切的语言对她进行安慰、劝导，告诉她：你爸爸出差是工作的需要，这种分离只是暂时性的，爸爸一办完事就会回来的；再说，爸爸已是大人了，他自己会照顾自己，不要害怕、担心，以逐步减轻、缓解、消除其焦虑反应。在进行疏导疗法的同时，还可使用矛盾意向疗法，让她多次经历爸爸出差的事情，结果发现，爸爸多次出差都能平安回来，自己的害怕担心是多余的，慢慢对爸爸出差这件事就不会再感到异常紧张焦虑不安了。

【病案2】

患者情况：王某，女，12岁，小学五年级学生。

患者平时上课比较认真，完成作业情况也较好，但是一遇考试，不论大考小考，成绩均不如平日，因而在班里成绩属中下水平，其父母虽只有高小文化水平，但对女儿的学习很看重，要求较高，每次考试都要求孩子要考多少多少分等等，患者一到考试就非常紧张，十分害怕考不好，在考试时患者常常脸色发白，满头冒汗，常常是平时会的知识，在考试时却都不会了。

分析诊断：很显然，王某是患了考试焦虑症，这是在学生中比较常见的一种焦虑症，患者平时胆小，孤僻，性格内向，不爱说话，自尊心极强，爱面子，每次考试之前，总担心考不好，会受到父母的责骂和老师同学的嘲笑，所以非常紧张，一紧张自然也考不出好成绩，如此恶性循环，使王某患上了考试焦虑症。

施治方法：给患者施行满灌疗法，即在治疗过程中使用对患儿能引起最强烈的焦虑情绪的刺激，以“冲击”患儿，使患儿克服对某些情境、事件的焦虑反应。

咨询与治疗：在治疗时，心理医生让她想象自己考试失败后可能带来的可怕后果，如同学对她的讥讽，父母对她的失望、甚至打骂等等，患者随着心理医生的指示语进行想象，在开始阶段，她表现得十分紧张，哭泣得愈来愈厉害；但是，一会儿后她的颤抖便停止了。心理医生指示她把可怕的情境想象得尽可能栩栩如生，以使害怕的情绪逐渐减退。这样“冲击”了一个半小时之后，她完全平静下来。休息半小时之后，心理医生指示她重复前面进行的想象，想象中如果产生紧张的感觉，不必回避，要尽量体验这种感觉，越清晰越好；如果没有感到任何不适，休息半小时再进行一次。

与此同时，家长和老师都应注意对她进行个性锻炼、培养，引导她积极参加班上的集体活动，努力克服性格上的弱点和缺陷，培养活泼、开朗、宽容、坚毅等优良品质，学会正确的人际交往，使人际关系向和谐愉悦方向发展；指导学生进行渐进性自我放松训练，并通过适当的文体娱乐活动来调节情绪，陶冶性情，以减轻，消除其焦虑反应。

她每天接受这种满灌治疗两次。两个月以后到考试时，她根本不感到任何紧张，也没有任何灾难临头的感觉，过去曾经摆脱不掉的害怕情绪消失得无影无踪。

总结

适度的焦虑是无害的，有时甚至可以起到提高人的警醒度，使精神亢奋的作用。预期到有不好的事情发生，整个身体就会处于紧张状态、全身的积极因素都会调动起来——这对于应付可能的危险和战胜困难是非常必要的。危险和困难一旦过去，焦虑自然会消除。这是正常时的焦虑反应。

强烈的焦虑体验如果维持长时间，并且严重影响了人的正常生活，就称其为焦虑症。

焦虑症是一种心理障碍，应以科学的态度对待它，进行心理咨询和治疗是必要的。治疗的方法至少有两种，即心理治疗和抗焦虑的药物治疗。在心理治疗中，松弛治疗、满灌疗法、行为治疗等等都是常用有效的；抗焦虑药物使用得当，也可以收到好的治疗效果。

幼年时期的焦虑症应及早治疗，否则就会在孩子的心底埋下心理症或心身病的根子。为了确保儿童健康成长，父母一定要关心孩子，协助配合心理医生一起共同施治，保护孩子的心理健康，使其正常地成长发育。

儿童多动症

概述

儿童多动症（简称多动症）又称注意缺陷障碍（ADD），它是指发生于儿童时期，表现为与其同龄儿童相比有长时间持续的、明显的注意力不集中和活动过度为主要特征的一组行为障碍。

1. 儿童多动症的特征

（1）活动过度。患儿从小特别好动，不能安静听课，小动作明显增多，坐不住，不守纪律，常干扰别人。

（2）注意力涣散。注意力不集中，不能专心听课，做作业也心不在焉。

（3）冲动任性。自我控制能力不足，常会做出不加思考的行动，易激惹冲动，不顾后果，情绪不稳，为一些小事就哭闹、叫喊。

（4）不良行为。不听从父母或老师的管教、好挑斗、打架、干扰集体活动，说谎、逃学等其他品质问题。

（5）学习困难。多数患儿虽智力正常或接近正常，由于注意力不集中，而影响学习，学业不良，少数患儿表现有视—听或视—动功能缺陷，动作技巧笨拙，不协调，患儿在注意、记忆、视运动及概括、推理方面有障碍。

（6）言语过多。好插话，常喧闹。

2. 儿童多动症的成因

产生儿童多动症的病因至今仍不清楚，可能与以下因素有关：

（1）遗传因素。有研究者认为，多基因遗传可能是本症的遗传方式。

（2）铅中毒。研究发现，几乎一半以上的多动症儿童的血液中含铅量都较高。这种儿童大多住在交通拥挤的大城市，汽车的汽油燃烧时，化合物中的铅挥发成气体进入空气中，使儿童大量吸入体内。

（3）食物过敏。有人认为，多动症是由于儿童对某种食品，如水杨酸酯或某种调味品的过敏引起的。

（4）放射作用。由电视机和荧光灯的小量放射作用引起。

（5）轻度身体器官异常。如耳朵不对称、大小不相等，第五个手指弯曲，第三脚趾比第二脚趾长等，都与多动症的产生有关。

（6）教育失当。家长过多指责干涉孩子的活动使之精神高度紧张，或家长对孩子过分娇宠，放纵，使之好动的天性上蒙上一层放荡不羁、任性不束的色彩。

病案及诊治

【病案 1】

患者情况：武某，男，8 岁。

患儿从小便不安宁，上学后更是不分场合地过多活动，上课时不是用手敲桌子。就是将脚在地上滑来滑去，甚至离开座位在教室里走动，不仅自己不好好学习，还影响全班同学的学习。他晚上睡觉也不安稳，来回翻动，而且话特别多。

分析诊断：由其母与其老师讲述的大量事实，可以判断该儿童患有多动症，属于气质性的多动症，产生的原因主要是儿童自己的气质与天性。

施冶方案：首先对患儿采用药物疗法，药物疗法即对多动症症状明显且严重影响到学习和集体活动者，应采用药物治疗。常用的药物有以下几种：

（1）兴奋剂，如右旋苯异丙胺、利他林、米拉脱林等。这些药几乎对三分之二的多动症儿童有效，因此是治疗多动症的首选药物。儿童在用药一至二周后，一般会表现出安静，不再怎么好动、注意力较集中。能按大人的要求行动，易于管理等。有的儿童在用药后不久，多动和激动的表现可能会加重，但继续用药症状即可改善。这种药的副作用有食欲不佳、体重减轻、睡眠障碍。因此，傍晚时尽量不给孩子吃药，以免孩子晚上不能入睡；同时要遵从医嘱，根据儿童行为的改善情况逐渐减药或停药。

（2）安定剂，如氯丙嗪和硫利达嗪。当使用兴奋剂治疗无效时可使用安定剂。这种药在服用几周后才会有明显的效果，如表现出安静、易于管理等。但服药几周或几个月后也可能产生过敏的副作用，例如对太阳过敏出现皮疹，为此应尽量让孩子穿长袖衣，避免晒太阳。

（3）大量服用维生素对改善多动症儿童的行为也有一定的效果。在药物治疗的同时，不进行行为疗法，主要是通过行为矫正的方法，采用一些适合儿童的认知活动来改善儿童的注意力，并通过已安排好的一定的训练程序，减少儿童的过多活动和不良行为。

咨询与治疗：给患儿用利他林，10毫克～40毫克/日，分二次服（早晨及中午服药），在用药一至二月后，该患儿表现出安静，不再怎么好动、注意力较集中、能按大人的要求行动，易于管理等。

采用行为疗法。当患儿稍有一点良好的行为，如上课时较少做小动作、没有离位乱跑、安静地做作业等，家长和老师要及时给予表扬，如贴朵小红花等；如果又出现了打架、上课大声喊叫等行为，则要给他记个黑圈，并且明确地告诉他每增加一个黑圈，便要取掉一朵小红花，而累积一定数量的小红花可换取某种权利或要求，如十朵小红花可去公园或动物园玩一玩，五朵小红花可在游乐场选择一样好玩的项目，三朵小红花可吃一支冰淇淋，等等。两个月后，用这种奖罚分明的方法训练患儿，培养了儿童的自控力，使患儿的行为有明显的改善。

【病案2】

患者情况：陈某，男，6岁，幼儿园大班。孩子深得祖父辈的喜爱。其父亲较为迂腐，认为应从小对他高标准严要求，坐有坐相，立有立相，在孩子面前非常严肃，显出父道尊严，孩子从小就怕爸爸，父亲对孩子开始时只是大声训斥，骂不灵了就打，罚站，为此不但引起家庭矛盾，使孩子对他更是噤若寒蝉，显得十分可怜，家里只有一个孩子，而父亲又不许他外出怕学坏，只准他在家玩玩具。前年起发现，只要爸爸不在家，他便东摸摸西摸摸，动个不停；而且不爱惜玩具，拿来随便拆坏，常常一会东一会西，有个什么念头就不假思索地去行动，不顾后果，情绪不稳定，常为一点小事发火，大声叫喊。

孩子在幼儿园表现也不好，老师不断来告状，说他不守纪律，与小朋友们打架，而且像大人一样训斥同学，午睡时捣蛋，把玩具拆坏。老师用尽软的、硬的办法，只差没有体罚，可是都不见效。

分析诊断：孩子由于长期受其父的“高压”教育而表现出“反抗”行为，致使在父亲不在时“彻底解放”；做什么可以毫无顾忌，想干啥就干啥，这种情形时间一长，便成为病态反应，而可以诊断孩子是患了多动症。

施冶方案：对患儿进行自控训练。自控训练的主要任务是通过一些简单、固定的自我命令让患儿学会自我行为控制，还可以用来控制儿童的一些冲动性行为。在进行自我控制训练的过程中要注意训练顺序，任务内容由简到繁，任务完成时间由短到长。自我命令由少到多。

咨询与治疗：让家长回家后，出一些简单的题目让患儿解答。要求患儿命令自己在回答问题之前完成以下三个动作：停——停止其他活动，保持安静；看——看清题目；听——听清要求，最后才开口回答。这一方法还可以用来控制儿童的一些冲动性行为，或者过马路时，要求在过马路之前完成停、看、听等一系列动作。由于在训练中，动作命令是来自于患儿内心，所以一旦动力定型，患儿的自控力就能大大提高。

另外，治疗的同时可适当用些利太灵、匹莫林等安定药片。坚持教育训练和用药，患儿经过两个月的治疗已恢复正常。

3. 总结

必须注意的是儿童多动症这一名称，突出了“多动”，致使许多父母误把孩子的好动误认为是多动症。其实多动并不是本病的唯一症状，它常和注意分散、情绪不稳和冲动任性等症状合并出现，儿童多动症就是这些症状的总和，因此它的全名应为“儿童期多动综合症”。

据有关资料表明：患有多动症的儿童仅占儿童总数的百分之二点五，而且，多动症患儿一般不需进出口行药物治疗，只要管教得法，加之年龄的增长，就会自然而然地好起来。

顺便再提几点关于多动症儿童与好动儿童的区别，供家长们参考：

（1）*多动症儿童无法入静*。正常儿童虽调皮好动，但在陌生环境里却很乖，可以静坐等待，而多动症儿童却始终无法入静，缺乏自控能力，照样手忙脚乱。

（2）*多动症儿童心不在焉*。在某一感兴趣的新鲜事物面前，正常儿童会聚精会神地去做去看去听，甚至反对别人干扰，而多动症儿童却无法有始有终，对什么都心不在焉，几乎没有什么注意力。

(3) 多动症儿童常盲目冲动。正常儿童的好动一般都是有原因、有目的的，而多动症儿童却缺乏目的性，行为多具冲动性。

(4) 多动症儿童服镇静药反而兴奋。若给这两类孩子同时服用镇静药，正常儿童可产生催眠作用，而多动症儿童反而更加兴奋多动，这是两者十分重要的区别。但家长万不可擅自给孩子服用镇静药，有必要得在儿科医生的具体指导下才能进行。

儿童攻击性行为

概述

攻击性行为是指个体对他人进行言语和身体的攻击。很多儿童在日常生活中都或多或少表现出一些攻击性行为，但轻重程度不一，男孩比女孩表现得更明显。

1. 儿童攻击性行为的表现特征

(1) 言语较多，喜欢与人争执，好胜心强。往往是非争不可，并时常讲粗话，骂人。

(2) 情绪不稳定，脾气暴躁。任性执拗，喜欢生气，时常乱发脾气，稍不如意就可能出现强烈的情绪反应，如哭闹，叫喊、扔东西或以头撞墙等；有的还可能表现出一种屏气发作，即大声号哭之后，呼吸短暂停止，严重时可伴有发绀和痉挛现象。

(3) 易冲动，自控能力差。经常向同伴发起身体攻击，如打人、咬人、推人、踢人等，惹是生非、戏弄、恐吓，欺负同龄儿童或比他小的儿童，强占抢夺别的儿童的玩具和物品。

2. 儿童攻击性行为的成因

(1) 遗传因素。在有攻击性行为儿童的父母身上也可以发现攻击性倾向甚至攻击性行为。

(2) 心理因素。一般说来，有情绪问题和行为障碍的儿童易产生攻击性行为。

(3) 教育因素。儿童的攻击性行为与教育不当有很大的关系。有的家长生怕自己的孩子在幼儿园在学校吃亏，常教育孩子说：“如果别人打了你，你就狠狠地打他，下次他就不敢打你了。

(4) 模仿学习。儿童辨别是非的能力差，模仿性强，许多攻击性行为都是从父母，同伴等周围人那里和电影电视中模仿学习而来。

(5) 饮食因素。有攻击倾向的儿童，在摄入过多的糖后易发生攻击性行为。

病案与诊治

【病案1】

患者情况：刘某，男，8岁。

其母叙述：儿子自小好胜心很强，不能吃半点亏，稍觉不满，便对他人又抓又咬又踢，特别是对比他小的孩子更是暴躁。已有不少小孩家长告到家里说儿子欺负了他们的孩子，我们也多次打骂说教儿子，但均无效，不但不能制止他的恶行，反而有时还遭到反抗。真不知该如何管教他。

分析诊断：从其母列举的种种事例来看，刘某具有攻击性行为这一不正常的心理。

从其母亲处了解到孩子从小便喜欢看电影、电视，特别是武打片和枪战片，更喜欢模仿剧中人物打拳，打枪等动作。孩子的攻击性行为就是从电影电视中模仿学习而来的。

施治方案：首先要控制环境的影响，即儿童的攻击性行为，许多都是从社会环境中习得的，首先应从社会环境中寻找那些可能导致儿童攻击性行为的因素，并予以消除。饮食控制及同时辅以药物治疗，对有攻击性倾向的儿童可用减少糖摄入量的方法来防止和减少其攻击性行为，在医生指导下服用中枢兴奋剂或镇静剂，可使儿童的攻击性行为得到控制，但这只是暂时性的，一旦停药，药效便随之消失。因此，药物治疗只能作为辅助疗法。

咨询与治疗：第一，限制孩子看这些暴力恐怖片。父母同孩子一起观看电影电视，帮助孩子分析、提高其辨别是非的能力。鼓励孩子学习模仿影视中的积极行为，批评攻击性行为。从观念上对孩子进行强化。第

二，对儿子的暴力行为不要用暴力的方式解决，以免他产生逆反的心理，认为既然父母都那样对他，那么他也要那样对别人，无形中便又模仿了父母的暴力行为。进行心理治疗的同时，每天按时按量服用一些镇静剂。坚持一段时间后，刘某的攻击性行为减轻，两个月后，症状消除。

【病案 2】

患者情况：王某，男，14 岁，初二学生，由其班主任带到心理门诊。其老师向我们反映：该学生成绩一直处于中等，最近不断有女同学告他说他常对女同学进行性骚扰。如果和一群男同学在一起玩，看见一女同学经过，便会让其他男同学将他推出去撞向这位女同学，趁她闪避不及又站立不稳时就借机搂一搂或动手动脚。这种现象已发生多次。下午课间休息时，又伙同其他男同学将一件大衣蒙在一女同学身上，并在她身上乱摸。因估计他有心理问题，所以把他送到这儿来，并通知了他的父母。

分析诊断：显然，这位男同学患有攻击性行为。异性同学之间，是有一道心理鸿沟的，一般同学不敢贸然越过。但一旦有了第一次跨越的体验，便会有第二次，第三次。从心理上分析，他的这种行为源于青春期性心理发育过程的一种行为偏差，因性意识的觉醒和性道德规范不平衡所致，如不及时治疗，将会走上流氓犯罪道路。

施治方案：对孩子要控制环境影响，尽量保障孩子的成长空间中不要出现错误歪曲的“领路人”，应采取正当的教育方式，不要让孩子有机会去看暴力色情电影录相；要求父母应与老师配合，共同正确地引导孩子，教育孩子，使他认清以前的这种行为的错误之处，使之产生后悔和改正的想法。但这个治疗过程可能较长，进程也较缓慢。

咨询与治疗：王某的父母首先作了深刻的自我检讨，承认没有尽到一个作为好榜样的家长的责任，他们听从心理医生的劝告，用更多的时间管教孩子，使孩子自己意识到对女同学进行性骚扰的行为是不正当的，然后，严格限制孩子的阅读范围及看电视电影的内容，多让他了解现实生活中的好人好事。所幸的是，三个月后，有了孩子恢复正常的消息：他不再对女同学进行骚扰了。

总结

儿童攻击性行为对社会，他人危害较大，如在幼年时期得不到遏止，将会走向犯罪的道路，因此，呼吁父母及社会各界人士，要让孩子健康成材，必须从小，从方方面面抓起。

儿童学习困难综合症

概述

学习困难综合症是一种学习技能的发育障碍。这类儿童并非呆傻或愚笨，而是从发育的早期阶段起，获得技能的正常方式受损，表现在阅读、计算或绘画等单一方面的能力低下，而其他技能均属正常。所以常出现某一门功课的成绩好，而另一门功课成绩差的偏科现象。学习困难综合症在小学生中比较多见，约占学龄儿童的百分之五到十，且男孩多于女孩。

1. 儿童学习障碍的表现特征

（1）阅读障碍。指患儿的阅读能力大大低于其年龄和智商水平，表现为不能正确辩认字母、单词，不能将字母和发音联系起来进行朗读。

（2）计算障碍。指患儿加减乘除的运算能力差，如有时能做“加”和“乘”，却不能做“减”和“除”，心算能力差。

（3）拼音障碍。表现为不能正确地拼出音节，读字发音错误，对某些字母或音节发音特别困难，伴有视觉空间障碍，如把 b、d，p、q 混淆。

（4）书写障碍。指儿童难以把想到的事物形象地画出来，或把看到的词写下来，如难以抄写黑板上的习题等。这种现象叫视觉运动性感知障碍，可能是运动功能协调不佳的结果。

2. 儿童学习困难的成因

引起儿童学习困难的原因较多，归纳起来主要有生理因素和环境因素两方面。

（1）生理因素。①儿童在胎儿期、出生时、出生后由于某种病伤而造成轻度脑损伤或轻度脑功能障碍，都可能影响儿童的学习技能的发育。②遗传因素。有些学习技能障碍具有遗传性，例如阅读障碍可以遗传好几代，从患儿的父亲、爷爷或其他亲属处也可见到类似的情况。③身心发展落后于同龄儿童的发展水平。如乳牙脱得慢、走路说话迟、个子特别矮小等；感觉器官（眼、耳）功能的缺陷或运动协调功能差等。

（2）环境因素。①不良的家庭环境，由于父母长期在外工作或家庭成员关系紧张等原因，使儿童从小就未得到大人充分的爱抚，特别是缺乏母爱。②儿童在幼年时未得到良好教养，在儿童早年生长发育的关键期，没有为儿童提供丰富的环境刺激和教育。③不适当的学习内容和教育方法使儿童产生一种厌学情绪。

病案及诊治

【病案 1】

患者情况：楚某，15 岁，男，就读于某私立学校的初中三年级，口齿清楚，并无语言障碍。心理医生突然转换了话题，问道："你知道我的职业是什么吗?"楚某笑着答道："您是医生。"心理医生微笑点头，又问："医生还可以叫什么？比如，老师可以叫教师、教员、先生，战士可以叫士兵、战斗员。你说说看，医生还可以叫什么?"楚某迟疑了，试着张了几次嘴仍没能蹦出半个词来。楚某的母亲急了，从旁给孩子提示说："大夫、郎中、医师……"楚某于是复述："大夫、郎中、医师。"心理医生对他表示鼓励："你复述得很好。医生还有一些称呼，我写下来，你照着念一念好吗?"说罢，在一张纸上写下了"白衣战士，医士，医务工作者"，递给楚某。楚某接过纸条，皱着眉头，结结巴巴地念了一遍，念得十分吃力，尤其是"工作者"三个字念得更是缓慢而且发音不准。

楚某的班主任此时插话说："他学习是很勤奋的，语文和英语更是特别努力。我们针对他的情况也特别要求他背诵课文，可是情况反而更糟了，一些最上口、最简单的唐诗他都无法背下来。我们怀疑他丧失了阅读能力，或是阅读能力部分丧失……"

分析诊断：楚某的问题并非丧失或部分丧失了阅读能力，而是严重的阅读障碍，准确他说，是一种阅读恐惧症。这是学习困难综合症中的一种典型症状。引起其疾患的主要原因是不适当的学习内容和教育方法：私立学校的封闭式教学和管理；片面追求升学率的教育方式；死记硬背的不当要求；家长过于迫切的"望子成龙"厚望。再就是缺少家庭温馨：家长只重学业督促且常年忙于工作，未能使孩子从小得到大人充分的爱抚。

施治方案：①利用暑假假期由心理医生对患者进行有计划的阅读训练；②训练过程中以正强化法提高其自信心；③训练过程中适当采用放松技术，使其减轻心理压力、消除紧张；④要求学校和家长配合，为其创造良好、宽松的生活学习环境

咨询与治疗：心理医生制订的是一个要楚某大量阅读文学作品的计划。他生长在一个非常富裕的家庭里，其父是某集团公司董事长。

楚某身体壮健，是学校的体育“明星”，跑步、跳高、跳远、游泳等许多项目都是全区冠军；且积极上进、富于组织才能，是本年级的学生会主席；其头脑亦聪明，数学、历史、生物、地理等学科成绩优异。但令人惊讶的是，这样一个显然是发展比较全面的少年却有着一个使他和他的亲人、师长极为困惑和苦恼的问题——他记不住印刷的字词。

是他的母亲和班主任带他来心理诊所作咨询的。其母非常焦灼地告诉心理医生：“他并不是记性不好，实际上他的记忆力是极强的。他平时说话也没有啥问题，他的口语词汇也挺丰富的，而且他也懂得发声的道理，不应该读不准书上的字句。可是他偏偏就是记不住书上的字句，有些字词也读不准。他的语文和英语课就是因为这个原因完全跟不走！他小学的时候还不像这样，进中学后才变成这样的，二年级以后越来越严重。”心理医生插问：“他读的小学不是私立学校吧？”其母答：“小学是普通学校。大人成天都在忙事业，顾不过来，所以把他送进私立中学，在那里什么条件都比较好，我们不必太操心。我们对他的期望很高，我和他爸都是名牌大学毕业生，希望他将来不仅能考上清华、复旦这样的名校，而且应当能读硕士、博士、博士后。他是很听话的，也有这样的大志向。但他现在遇到的这个大麻烦如果解决不了，那是连重点高中都升不上的！我和他爸都担心极了！”

心理医生请其母和班主任在一旁坐下，然后和蔼地对楚某说：“你们学校有足球场吗？”楚某没答话，只是点了点头，面对医生的他显然有些紧张。心理医生又问：“你的运动成绩那么好，在足球场上肯定也是一名健将。你是门将还是后卫？”楚某说话了：“我是前锋，还是队长……”他的话匣子打开了，兴致很高他说了足有10分钟，非常流畅地说赛场上的情景、说各种运动术品的计划。挑选的书籍和刊物为：金

庸的《书剑恩仇录》《笑傲江湖》，杰克·伦敦的《荒野的呼唤》《雪虎》《最后一块牛排》《热爱生命》，汪曾棋的《受戒》《大淖记事》(这些小说情节十分生动，语言朴实、优美而流畅，思想内涵亦富于教益)；朱自清的《背影》《绿》，冰心的《寄小读者》，梁实秋的《梁实秋怀人丛录》，三毛的《撒哈拉的故事》（这些散文富于情趣、文笔洒脱而简练、内容深入浅出)；莽汉派诗人的部分诗歌，汪国真的部分诗歌（前者粗犷如摇滚乐，用同多口语，读之令人忍俊不禁，颇能使人放松，后者浅入浅出，虽然并无深远的意境和深邃的哲理，但语言规范，易懂而上口，恰适合阅读障碍者作为“练口”的作业)；刊物则选择了《读者》《少年文艺)、《故事会》《儿童文学》。训练时间安排在暑假中每周的一、三、五上午。训练地点是楚家别墅内的露天游泳池旁。

第一次训练时，心理医生计划让他先读《最后一块牛排》，因为这是一个短篇，情节紧凑，语言规范，利于作为进入训练的起点。但楚某提出想读金庸的《笑傲江湖》，说是同学们多次给他讲过金庸写的武侠故事，他百听不厌。基于此，医生便让他先读这部长篇，要求他一定要出声地阅读。

楚某以舒适的姿势倚坐在游泳池边的躺椅上，用手指指着书上的句子，吃力而缓慢地读着。两个半小时后，他读到了该书的第十二页：“‘吃过晚饭，林震南一家三……三口在、在后厅闲……闲话，林震南跟夫人商量，大舅于是六月初的生日，该打……打，打点礼物送去了，可是要让洛阳……金刀王家……瞧得上眼的东西，可还真不容易找。’唉，真糟糕，医生，我不懂。”

心理医生：“这一段话是从侧面说洛阳金刀王家很阔气。比如说就像你家一样吧，几乎是什么都不缺少，别人想送礼都找不到该送什么。‘闲话’是闲谈的意思，‘打点’是筹办、准备的意思。你如果能读得连贯，就不会产生理解上的困难。继续读吧。”

楚某叹息了一声，低下头又读：“‘说到这里，忽听……得……厅外人……声喧哗………’”

心理医生提示：“应当读为‘忽听得厅外人声喧哗’。‘听得’就是‘听见’，‘厅外’就是‘后厅外面’，‘大声喧哗’要连在一起读，而不是‘厅外人、声喧哗’。”

楚某跟着医生比较流畅地复述了一遍那句话，然后合上书本，微笑中带着些央求的意味，说：“今天就读到这里行不行？我们一起游游泳好不好？好热哟！”

心理医生：“是很热，游游泳肯定很舒服。但是没完成任务是不能停下的。”

楚某继续央求：“呃，差不多快读完一章了，就算成已经读完一章吧。”

心理医生：“第 1 章共 39 页，你连三分之一都没完成，怎能说是差不多快读完了呢？”但是，其实心理医生并不打算要求他用整整一上午来读完第一章的文字，因为该书有颇多的“文夹白”语言，第一次训练就要求较高的阅读量是不科学的。

于是医生又说：“这样吧，就读完第 13 页。先由我范读一遍，然后你自己读，大声读。读完我们一起游泳。”

楚某皱了皱眉，似乎非常愁苦，但心理医生一眼就看出他是装的，他实际上非常高兴，因为他很快就要“解放”了。由于这个原因，也由于有医生的范读，楚某接下来的阅读比刚才顺畅一些，花了 12 分钟时间。

第一周下来，楚某读了《笑傲江湖》的第一章，读完了杰克·伦敦的《最后一块牛排》。他阅读时，声音结结巴巴，非常慢，与他平时说话的声音和语速截然不同，好像是两个人一样。他阅读时，像个被包围了的猎物，孤独可怜地承受着书本“猎手”向他射来的语言字句“子弹”。金庸和杰克·伦敦的小说非常精彩，他却把它们读得无比乏味，而他自己也是在身受“酷刑”。

第二周阅读汪曾祺的小说和冰心的散文。星期五，楚某花了两小时读了 18 页文字后，又合上书本，要求下池游泳。心理医生对他说：“稍等一会，小楚。”

楚某颓丧地坐下，脸上是一副接受审讯式的表情。心理医生很清楚，楚某此时十分抑郁、焦虑和害怕。因为他知道，现代社会需要的是有阅读能力的人，而且他要是仍然像现在这样存在阅读障碍，今秋开学后，他将不能再担任学生会主席，区级的各项体育比赛也将不容他参加。他非常害怕。

“有几个问题要问你。”心理医生说。

“不要白费力气了，反正我都答不上来。”

“不，这次你能答出所有的问题。”

“我一辈子都没法明白我所读的这些东西，就让我当个文盲好啦，您也不必浪费时间来训练我。”

“你听明白了，我说的是你能回答这次的全部提问，因为我要问的不是书本上的内容。”

“不是书上的内容？那为啥要提问？您是要迁就我吗？”

这一天只有医生和小楚在别墅里，他的父母都要省城开一个重要会议去了，要到下周四才能返回。心理医生选择这个时机，准备以一种新的方式求得进展和突破。因为，通过前一周的训练，医生对这个家庭的成员和状况有了更多的了解，知道小楚非常敬畏父母，重视自己的父母超过任何人，从小到现在千方百计地想让父母为其高兴和骄傲，因而他一直是个极其努力的少年。然而，正是过分努力，反而强化了他的障碍，他的心理问题可以说是一种精神口吃。一个人如果把某件事视为世界上最重要的，那么他去完成这件事的失败机率就增加了百分之十甚至百分之百。目前，小楚正是认为阅读是他在这个世界上最重要的事！而且，在他的心目中，其父母是世界上最强的人，而他自己在父母面前则犹如弱智或白痴！

今天，小楚的母亲没有焦虑无比地站在一旁，其父今天晚上也无法来具体过问他是否有进展。也就是说，小楚今天有一个相对放松的心态和环境。

心理医生开始提问了，很放松地似乎完全是漫不经心地问：“你小时候有没有小名？”

“尼克松。”楚某笑答，“我父母那时经常开玩笑地‘要求’我，长大当美国总统。”

心理医生：“你的生日是哪一天？”

“8 月 18 日。”

心理医生开始越来越快地提问，不给他有思考的机会，实际上，这些问题也不需要他思考。

“你爷爷叫什么名字？”

“楚 × ×。”

“你的同桌是男生还是女生？”

“女生。”

“去年的意大利甲级联赛你最喜欢哪支队？”

“尤文图斯队。”

“你用哪种姿势游泳速度最快。”

“自由泳。”

“你今年去看过电影吗？”

“看了一场《生死时速》，真棒！”

“林平之怎么闯下了灭门大祸？”心理医生突然向他问起了《笑傲江湖》第一章的内容。

“他到城外打猎，与几个武林高手发生了冲突，情急之下杀死了一个姓余的汉子，结果那汉子原来是青城派松风观主的儿子。这一来，林家镖局就与青城派结下了血海深仇，惹下了灭门之祸。”小楚不假思索，一口气答了出来。

心理医生的“突袭”成功了。

小楚自己对此也有所意识，满脸是惊讶之色，兴奋不已地继续说：“林家镖局死了不少人，林震南只得带着妻子、儿子和十几个人，丢下家业，逃跑。在路上却又被青城派拦截下来了。”

“很好！你基本上已概括地复述出了这本书第一章的主要内容。现在，你还能说你‘一辈子都没法明白读过的内容’吗？”心理医生用充满欣慰和鼓励的目光看着他说道。

“我终于记住了。”小楚喃喃地自语着，然后抬头看着医生，眼睛大睁，又惊又喜又是疑惑，“是您骗我记住了的。”

心理医生和蔼而又严肃地说：“我只不过是牵着你的手，领你绕过了障碍。当然，障碍还没消除。”略略停顿之后，医生又问：

“小明子喜欢的是大娘家的哪位姑娘？”这次问的是《受戒》里的内容。

“她是……”小楚皱紧了眉头，“我记不得了……”他几乎要哭了，“我啥都记不得了，我太笨了！”

“她家住在一个小岛上，家门前种了两棵栀子花树。你妈妈上周还把这篇小说念给你听过。”心理医生巧妙启发。

小楚的眼睛里又有了光彩，他说道：“她叫小英子。她劳动时喜欢拉小明子一起，她最会说话了，成天叽叽喳喳不停，像只喜鹊。”

心理医生又问：“她家里有些什么人？”

小楚："她母亲。还有个姐姐，叫大英子。大英子比较老实，不太多言，她快出嫁了，在家里赶嫁妆。她……"他突然停下来，盯着医生，愣了愣，说："您又骗我啦！"

心理医生："不，这是你自己做到的，你自己的能力。那么，那位拳师为什么会打输了？"把话题又扯到杰克·伦敦的《最后一块牛排》上去了。

小楚张了张嘴，没能答出来，接着他把视线移向游泳池，少顷，他准确，完整地回答了这个问题。

心理医生："太好了！你是怎么记起来的？"

小楚笑着说："拳击是体育项目，我看着游泳池，想着游泳、长跑、跳高的情景，想着想着，就记起了书中的内容。"

心理医生："很好，你已经找到了一种绕过障碍的方法。实话告诉你，你的确是极其聪明的。好，今天就到这里为止吧。你取得了突破性的进展，有了今天的突破，以后的问题可以说都能迎刃而解了。我们一起游泳吧。"

他们一起跳进了水中，比赛着谁先游到对面，结果当然是小楚的"冠军"。

两人手扶着池沿又交谈起来。小楚兴奋而又担心地问："医生，刚才那样的方法总能有效吗？"

"如果你养成习惯，就会成功的。"心理医生说："每当遇到障碍时，你不要硬撞，而是绕开它，障碍就不成其为障碍了。我认为你的朗读能力很快也会提高。我还有许许多多办法帮你克服障碍。"医生的后两句话是一种暗示催眠法。

小楚脸上是由衷感激的神色，他泪光闪闪地说："叔叔（他本来一直是称呼医生的），我真不知该怎样感激您，我愿意把您当成我的亲叔叔，要是您不嫌弃我的话。您不晓得，我好害怕唷，我太怕我爸爸对我失望了……"

"小楚，你不知道这一点正是你的一大障碍吗？"心理医生及时向他指出。

"什么？"

"你太紧张，太努力，你太想做一个你父母的'理想'的儿子，这恰恰造成了你心理上的某种'短路'。面对你的目标时，你不要急于求成，每次你遇到障碍时就应当去想别的，这实际上就等于是在避开大脑中的那个'短路'的区域，让其他的正常区域去工作、去解决你面对的难题。"

"但我能做到吗？您认为我能做到吗？"

心理医生肯定地说："我认为你能做到。实际上你已经部分地做到了。"

整个暑假，坚持进行着每周三次的训练，楚某缓慢而持续地进步着。

心理医生向小楚的父母建议，让他转学到普通中学重读初二年级，以减轻其学习压力。他的父母接受心理医生的建议，并遵照医生的嘱咐给儿子创造轻松、温馨的家庭环境。由此，小楚的进步一下子变得十分迅猛。

半年后，小楚已经喜欢上了读书，而且能读中外的一些长篇名著了，尤其喜欢托尔斯泰的《复活》。他告诉心理医生："我现在从阅读中获得了前所未有的快乐，跟比赛得了冠军的那种快乐既相似又相异。"

【病案2】

患者情况：何某，男，7岁，小学一年级。其母反映：我儿子读小学都快一年了，却一直不怎么会写字，每次老师布置作业要他抄写课后生词，他都抄不下来，总对我说不会写。我不明白为什么写不下来，不就是依样画葫芦吗？开始我和他父亲想可能是刚刚进校的缘故，原来也没怎么教孩子，心想学上一学期大概就好了，但现在已近期末，儿子仍未见转机。

分析诊断：经检查孩子的智力正常，大脑功能也无异常，后其母回忆说："孩子刚会走路时，曾摔过一跤。有轻微的脑震荡，但后来已治好了。"

进一步了解得知，孩子的父亲小时在学习上也曾经有类似情况，因而大致可以得出这样结论。

曾经的脑震荡和父亲的遗传使孩子产生了书写困难——学习困难的这种情况。

施治方案：对学习困难的治疗时间比较长，而且需要家长和老师付出许多的劳动和耐心，不能急于求成。要鼓励和教孩子多写多练，同时采取正强化法。对孩子的每一个小小的进步都要适当的表扬，让孩子培养起学习的兴趣。

咨询与治疗：对何某的治疗主要依靠其家长、老师和同学，治疗进度甚慢，迄今为止已进行三个月，虽有微小进展，但仍不理想。目前，仍在继续治疗中。

总结

在诊断学习困难综合症时，应注意以下问题：①学习困难的儿童有着明显的学习技能发育障碍。学习成绩不好，是由某种学习技能障碍引起的，而并非智力低下引起的，也就是说这类儿童的智能发展是正常的，②学习困难是指儿童在某一科目上的学习成绩，比他实际智力能达到的成绩差得多。③学习困难是儿童多动症的一种表现，但儿童多动症的学习困难主要是由于好动、注意力不集中和行为障碍所造成的；而患有学习困难综合症的学生，则主要是由于某一学习技能发育障碍引起的。对于学习困难的治疗，主要还是采用教育训练和心理辅导相结合的方法，对于学习困难的儿童，家长和教师要耐心给以帮助，通常他们需要“开小灶”有专门的训练计划，只要坚持训练都会有不同程度的好转。

品德障碍咨询案例

案例介绍

【案例 1】

王×，女，小学三年级学生。父亲是一名工人，母亲从事幼教工作。王×的学习情况一直比较稳定，家长挺放心；但近来出现品行问题，引起家长的不安。大约从二年级下学期开始，王×结识了附近一位邻居家的女伴，同一所学校的，比自己高两级。这位女伴有偷摸的恶习。她不时用自己偷来的钱买好东西给王×吃。王×感到很开心，觉得“新朋友”真大方，够意思。后来，“新朋友”不再向王×提供物质满足了，转而鼓动她自己想办法，从家里“弄几个钱花”。王×一向嘴馋，好吃零食，过去因家里管得紧，欲望总是得不到满足“现在有

"新朋友"给自己打气，不由得有些手痒。她开始想办法从家里"弄"钱。先是3~5元，后来发展到"大团结"；从偶尔"弄"点钱和朋友分享快乐，逐渐发展到主动搜寻妈妈的钱包。女儿的行为终于被母亲察觉了，她开始还不大相信自己的女儿会干这种事。她故意将自己的钱包再次遗忘在床上，结果证明女儿确实从中拿了钱。母亲将孩子的毛病告诉了父亲。父亲大发雷霆，用皮带狠狠地抽了女儿一顿，满以为这下子该解决问题了。但好景不长，没过几日，连父亲也发现自己的钱被孩子"弄"走了。

【案例2】

姜××，男，8岁，小学一年级回读生。他生活在一个离异家庭。7岁时，父母离婚，孩子判给父亲抚养。父亲经营饭店，结交广，挣钱多。对儿子的教育虽不上心，但在花钱上没皱过眉头，只要儿子张口，几乎都能满足。久而久之，儿子养成了一副"阔少"风度，生活上处处讲究高级，花起钱来"出手不凡"，然而在学业上却一塌糊涂，老师不时有"请柬"邀家长面谈。

在国家机关工作的母亲了解了孩子的现状后，那颗本来已经平静的心再也平静不下来了。她不忍让亲生儿子走下坡路，她要想尽办法把自己的骨肉要回来，好好将孩子抚育成才。经过一番奔走交涉，她的愿望终于实现了。法院重新进行了判决，将孩子判由母亲抚养。

孩子回到母亲身边，因学习跟不上只得重读一年级的课程。母子俩暂时住在孩子的外祖父家。母亲心想，只要自己我吃点苦，把孩子抓紧点，将他已有的野性子好好收收，孩子很快就会和从前一样天真、活泼、可爱。然而，孩子像是不领母亲的情，他接连给母亲出了一道又一道难题，使得做母亲的心一阵阵绞痛。

孩子经常向母亲念叨父亲好，"爸爸要什么给什么，不像妈妈这样小气"。母亲觉得儿子说得也有道理，环境乍一转变，若给孩子卡得太紧，他会适应不了的。于是，便每天给孩子两三元钱的零花钱，这在母亲的工资中已是笔不小的开销了。然而，这点钱在胃口已经很大的儿子那里只能是杯水车薪。儿子的欲望满足不了，他开始想办法"自谋财路"。他把眼睛盯在妈妈的钱包上。到底从什么时候开始自己设法偷钱，一共偷了多少次，母亲也说不清。她只记得有两件事对她震动很大。一次，母亲发现自己的一枚金戒指不见了。除了孩子之外，卧室里没有别人来过。母亲心中犯疑，却又没有作声，她怕家中老人知道后心中难过。又一次，母亲带孩子到大姨家串门。孩子吃罢玩够，逐渐把目光移向大姨的钱包。他以为大姨没有注意自己，顺手从大姨的钱包中取了5元钱，慌慌张张塞在自己兜里。大姨对此看得一清二楚。她不忍心看着外甥走歪门邪道，便把这一切告诉了妹妹。此时，母亲再也不能宽容孩子了。她动手打了孩子，逼着孩子向大姨承认错误，并把前前后后许多事情告诉了孩子的外祖父、外祖母。两位老人因女儿离异，对外孙本无好感，打这以后更是气上加气，不时埋怨女儿把这么个"孽种"带回家来。

面对这种一团糟的局面，母亲上班时难以安心，回家后胸口堵得慌，心简直快要碎了。她渴望孩子的不良品习能够早日改掉，她企盼家庭的紧张局面能够尽快改善，她怀着一颗母亲的赤爱之心小心地寻求社会的帮助。终于有那么一天，她找到了我们咨询工作者，向我们敞开心扉，尽诉了心中的烦恼。最后她恳切地对我们说："即使放弃我自己的幸福，我也要花最大的心血把这个孩子带好。请你们帮我出出主意，怎样才能改掉孩子的这些毛病?"

案例分析

在上述两个案例中，孩子都有偷窃行为，但偷窃的对象仅限于父母或亲戚，尚未发展到公共场所，应当说，这时进行咨询矫治还较为有利。从两个孩子偷窃行为的成因来看，也迥然不同。案例1王×的偷窃行为主要同那位高年级女友的引诱、唆使有关，此外她本人嘴馋、物质贪欲强也是不可忽视的内因。案例2姜××的偷窃行为十分复杂。它既说明了家庭离异对子女行为的不良影响，也反映出重物质满足、轻心灵培育的家教方式对孩子发展所带来的危害。如果不是孩子的母亲及时从生父那里争得抚育权，孩子以后会变成什么样子恐怕是不堪设想的。

关于王×偷窃行为的矫正问题，我们感到最重要的是应设法切断外界不良诱因对孩子的影响。我们向王×的家长建议：迅速同学校取得联系，搞清那位高年级女生的品行状况，由学校出面会同其家长共同对她进行教育；同时告诫自己的孩子，不要再同那位高年级女生接触，要选择品行好的同学作为自己交往的友伴。我们还提醒王×的家长注意：要加强孩子意志力的锻炼，使其明白懒、馋、贪、沾、变的道理；引导孩子向勤奋、节俭的同学看齐，激励孩子在德、智、体几方面全面发展；

用孩子在学习上的成功事例教育孩子，帮助其战胜挫折感，重新增强上进的信心。最后我们叮嘱王×的家长，如果那位高年级女生积恶成习，教育情况不见好转，自己的孩子又控制不住自己继续同其暗中来往，这时可考虑采取转学或迁居这一万不得已的措施。转学或迁居虽非良策，而且办起来困难颇多，但从改善外部环境、促进孩子弃恶扬善的角度来看，还是有一定价值的。“孟母三迁”的故事不是给我们以应有的启示吗？

关于姜××偷窃行为的矫正问题，必须采取综合措施。我们向姜××的母亲建议：

第一，动之以情，好好向孩子谈谈母亲目前的处境和工资收入，激发孩子对母亲的同情心和亲近感。

第二，做好外祖父、外祖母的思想工作，从感情上接纳有过失的外孙。这一点对孩子的悔过非常重要。如果孩子在家庭感受不到温暖，常常怀恋生父的纵容与物质满足，那就会抵消母亲的感化力量和教育效果。假如外祖父、外祖母的思想工作比较难做，个人又有条件另置新居，改换一下环境对缓解当前的困境有所帮助。

第三，采用行为契约法帮助孩子矫正偷窃行为。可让孩子写一份书面保证，从今以后不再偷钱花，贴在孩子可以经常看到的地方。定期要孩子汇报执行情况（三日一次或一周一次），及时予以鼓励强化，必要时可设计考核情境（有意将钱款放在孩子可以找到的地方，观察其反应），对孩子的履约情况进行检查。为了维护孩子的自尊心，不要将孩子的偷窃行为向外宣扬，有关行为契约的情况也要替孩子保密。

第四，继续给孩子一定的零花钱，但为其建立储蓄箱和小账本，鼓励孩子省下零花钱存入储蓄箱，并将零花钱的开销记在小账本上（可简单记）。这样做的目的是培养孩子节俭的习惯，逐步控制其消费欲望。

第五，星期天多带孩子到娱乐场所游玩，密切母子感情，陶冶孩子的情趣，增加积极的情绪体验，逐渐弱化和消退不良行为。

自伤行为咨询案例

案例介绍

周×，女，11岁，小学五年级学生。父母都是工人，中等文化程度。周×性格内向，从小就不愿多和人说话，挺要强，也有些敏感。她心里若有点什么事，父母追问好久，她才肯慢慢说出。上小学后，周×的学习成绩一直在中等偏上，曾经当过小队干部。在家长眼里，她是一个省心的孩子；在教师眼里，她是一个听话的学生。

然而在五年级第二学期期中考试之前，周×做出了一件使教师吃惊、使家长不安的事情。事情的经过是这样的：几位男同学违反课堂纪律，班主任知道后在班会上进行了批评。由于班主任事先没有进行认真调查，批评时扩大了范围，将周×也从座位上叫了起来。周×非常委屈，感到老师这样做太不公平了，让自己在全班同学面前丢丑。下课后，她趁同学不注意，拿起削铅笔用的小刀往自己左臂割了六刀，其中三刀较重，出了血，三刀较轻。回家吃饭时，家长看到女儿臂上的血迹，关切地询问是怎么回事。周×先是搪塞，说是不小心碰的。后经家长再三追问，才说了实情。家长听了吓得不得了，赶忙将此事通知了班主任。班主任专程来家看望周×，并主动承担了自己批评上的失误。周×当时的表现还好，似乎被老师的探望所打动。

家长以为，此事到此已经结束，不会再有什么其他问题了。谁知没过几天，孩子又出了问题，而且比上次更加严重。那是在一天深夜，母亲听到女儿房里有动静，便起床前去看望。孩子告诉母亲，她有点肚子疼，想上厕所。母亲信以为真、回房去睡了。谁知第二天清晨，到该起床的时候孩子还没有起来。母亲到女儿房间一看，只见桌上有两个空药瓶，孩子面色憔悴，手捂着肚子悄悄呻吟。周×被送到医院检查，经医生询问，才知她夜里服了约200多片药片，其中有40片消炎用的西药，有100片感冒通，以及其他一些中成药片。这些药片是孩子事先准备好的。幸亏吞服的药中中成药居多，否则会给身体造成严重伤害。从医院回来后，经过母亲再三追问，周×才说出了事情的起因。原来周×在学校又遇到不快，小组长因其未参加卫生值日公开批评了她。周×当时便和小组长顶了起来。她气冲冲地说："下次我一个人补还不成？干什么偏要找我的事！"放学回家后，周×联想起最近发生的事情，越想越窝囊。她觉得这是老师和同学联合起来一块儿整自己，这样挨人整真没有意思。这时她下意识地想到了死，并模仿电影里服药自尽的场面，暗中准备好两瓶药片，演出了一幕服药寻死的险剧。

孩子用刀自伤、服药寻死的企图深深震撼了父母的心。他们不明白孩子小小年龄为何冒出如此愚傻的念头？他们不了解一向省心的孩子为什么突然遇到这么多的麻烦？周×的母亲带着诸多迷惑和解决问题的热望，同我们进行了长时间的面谈。

案例分析

周×的自伤、寻死行为不是偶然的，有深刻的素质背景和诱发因素。周×自幼性格孤僻，敏感，有事好闷在心里，这些性格弱点若得到适当的引导和锻炼，本来是可以逐渐得到改善的。然而，家长对孩子的性格弱点有所忽略，以为这是女孩子固有的特点，致使这些弱点得到巩固、强化和发展。进入小学高年级，孩子的思维能力有明显发展，但仍易受情绪左右；自尊心、社会化行为的发展也有很大进步，不过潜存的矛盾或冲突也易被人们忽视。正是在这样一种心理发展背景上（特别是由于周×性格弱点的影响），在遇到一定的外界刺激袭扰的时候（班主任的批评失误以及同学间的人际争执），使周×多年来积累的性格弱点一下子暴露无遗，而其挫折承受力及有关的社会适应和自我调控能力又很有限，于是便导致了挫折冲突的自我发泄和自我伤害，甚至萌发了轻生的意图。周×这一案例给人的启示是多方面的。它一方面告诉我们，孩子的家庭教育不可忽视，对孩子的性格弱点或缺陷应及早发现、及早矫治；另一方面也提醒教育工作者，应当重视学生心理素质的培养和锻炼，并且要针对学生的个性特点因材施教，尽量避免教育上的失误，这样才有利于学生的心理健康，防止周×这类危险事件的发生。

关于周×自伤行为的防范与矫治问题，我们向其家长提出以下几点咨询建议：

（一）加强与学校的联系，共同关心周×的成长，努力创设和谐、友爱的集体气氛，以消除周×对教师和同学的疑虑敏感或不信任情绪。

（二）进行必要的监护。随时留心周×的情绪和行为反应，以防出现新的意外。

（三）家长要多同孩子谈心、交流，用自己的亲身经历说明人生的复杂和美好，引导孩子正确对待生活中的挫折，对人生美好的前途寄予希望，这对于帮助孩子解开认识上的疙瘩有重要的作用。

（四）邀请与周×合得来的同学到家中来玩，通过同学间的沟通与玩乐转移周×的注意力，拓宽其兴趣爱好，增加积极的情绪体验。

（五）注意在日常生活中锻炼孩子的性格。可用消退法纠正性格弱点，用阳性强化法塑造乐观、豁达等良好的性格特征。

（六）如班级的集体环境难以调控，师生之间、友伴之间的关系不好扭转，要考虑调班或转学等改善环境的措施。但这类措施是被动的，应急性的，不能从根本上解决问题。要想真正帮助孩子走出自伤行为的误区，关键还是认识调整和性格的矫正和重塑。

离异子女的自卑、自抑与自闭

概述

随着近年来离婚率的上升，离异家庭子女的教育问题越来越成为人们普遍关注的社会问题。国内外许多研究都表明，双亲离异的家庭是向社会输送精神上和道德上畸形人的重要来源之一。由于父母的离异，更给这些孩子带来一系列心理问题。

离异子女常见的心理特征

（1）具有强烈的自卑，被遗弃，怨恨等消极情感。父母离异越早，可能对孩子的影响越大。

（2）缺乏生活和学习信心，大多数离异家庭的子女均有不同程度的行为障碍。

（3）不喜欢与人交往，具有较严重的性格缺陷。这对孩子个性的形成和发展将带来巨大影响。

病案与诊治

患者情况：刘某，男，12岁。初中一年级学生。两岁时父母离婚，被判给了母亲。母亲是个性格孤僻、内向的人，离婚后一直情绪低落，对什么都逆来顺受。和同院小朋友玩时，有些小伙伴总是嘲笑刘某没有爸爸，不和他玩。久而久之，他变得不爱说话，不爱与人交往，对什么都不感兴趣。刘某从不发表意见，抑郁寡欢，尤其是遇到老师布置写关于爸爸的作文时，他更是痛苦万分，一连几周都不说一句话。母亲对此很恐慌，来向我们咨询，问应该怎么办才能使刘某恢复正常。

分析诊断：不论何种原因的夫妻离异，对于离异者来讲终归是件不幸的事，其消极的情绪体验和行为特征，常可自然流露和表现出来。这对孩子，特别是模仿能力比较强，年幼的孩子，一旦生活在因父母离异而造成的抑郁的气氛中，难以避免地会被父（母）亲的情绪和行为变化所影响。这样，即使孩子自己没有认识到父母离异后的直接后果，也会由于父（母）亲的感染而情绪消沉，并引起一系列连锁心理反应，导致心理上的一系列变化。还有，离异家庭的孩子，特别是在单亲家庭中生活时间较长的孩子，在同伴关系方面也存在不少问题，这与孩子本身的自卑心理及同伴可能的歧视有关。

施治方案：因父母离异而给孩子带来负面的情绪影响，是难以避免的，但为了帮助离异者早日走出悲哀的心境，让孩子的身心得到健康发展，加强自身和孩子的心理护理，这就要求：

(1) *与孩子生活在一起的父（母）亲，一定要善于克制自己，为孩子的身心健康着想。*不能在孩子面前过多地流露自己因离异所带来的消极情绪，更不能将行为变化在孩子面前暴露无遗。应该明白，这样做也许能在一定程度上发泄自己心中的苦闷，但代价却是十分昂贵的。

(2) *教师和家长要鼓励这些孩子大胆地去交朋友，参加各类社交活动。*大胆地与同伴、好友交心。同时要给这类孩子与同伴的交往提供条件和方便。孩子只有通过与同伴的交往，才能消除心中的不快，增进友谊，改善人际关系，发展个性。

(3) *教师要教育其他孩子不能对他们有歧视态度。*要尽量减少其他孩子在离异子女面前议论自己的家庭和父母，以免他们触景生情，引起感伤。

咨询与治疗：听从心理医生的建议，刘的母亲努力给孩子创造了祥和，安宁的家庭环境，还决定如果可能，再给他找一个爸爸并迅速和老师取得联系，要求取得她的配合。一段时间后，刘的精神面貌有了极大改善。生日那天，班上还为他开了一个生日晚会，全班同学都向他祝福，刘和他母亲感动得掉下了眼泪。后来刘的母亲在来信中说，他生平第一次感到如此的快乐和幸福。如今，刘已恢复了少年应有的活泼、开朗，还在课余时间积极帮助学校退休老人搬运煤球，遇到同学们谈论父亲时，也能泰然处之而不再回避了。

总结

一般来说，离异子女由于家庭破裂给他们的心灵蒙上阴影，致使他们丧失生活与学习信心，变得自卑、自抑、自闭，对外界刺激特别敏感，这既有可取的一面，又有不利的一面。因此，教师和父母应利用可取之处，采用正面引导的方法，让他们接受外界良好的刺激作用。此外，在正面引导、教育的同时，还应辅之以丰富多彩的活动，因为这样既能使这些孩子忘记自己的不幸，增进同伴友谊，还可避免这些孩子由于空闲而接触各种不良的或丑恶的社会现象。